Preaching in the Everyday

일상 속의 설교 준비

정현건 지음

쿰란출판사

들어가는 말

목회자의 중요한 사명 중 하나는 말씀을 전하고 가르치는 일입니다. 바울 사도도 성도들을 하나님의 말씀에 부탁한다고 고백했습니다. 더 나아가 모든 성경이 하나님의 감동으로 되었다고 말합니다. 그러므로 위로와 앎과 이해와 믿음의 근거는 바로 성경의 말씀입니다.

중대한 설교 사명을 감당하는 데 있어 시간적으로 어려움과 심정적으로 짐이 되는 일이 많은 것이 사실입니다. 이러한 어려움을 이겨가며 더 깊고 온전한 하나님의 뜻을 전하려고 땀과 기도를 드리는 줄 압니다.

하나님이 주시는 영감은 귀한 것입니다. 그러나 그것은 순간적임을 생각하며 늘 자신의 부족함을 되새겨 봅니다. 매 순간순간 경외심과 하나님의 뜻과 사랑과 감동이 무엇보다 중요합니다.

또한 자기 생각에만 갇혀 고착되는 경우도 많습니다. 타인을 통해 더 깊이 교정하며, 간구로 더 깊은 분명한 뜻을 캐며, 삶에 적용하는 경험적인 노력은 쉴 수 없는 일이라 생각됩니다.

설교를 준비하는 데 귀한 지혜와 경험과 방법이 있을 줄 압니다. 이에 조그마한 경험을 나누어 설교에 보탬이 되고픈 마음입니다.

하나님은 부족한 설교자들을 사용하시며 성령님은 감동하셔서 귀한 열매를 주시는 줄 믿습니다. 갖가지 밭을 살피며 마음 다해 간구하며 준비에 준비를 더하여 눈물의 씨가 열매 맺기를 기도합니다.

2025년 8월
정현건

차례

- 들어가는 말 … 2

❶ 기본 준비 …………………………………… 7
❷ 내용 준비 …………………………………… 12
❸ 묵상 준비 …………………………………… 45
❹ 인용 준비 …………………………………… 54
❺ 작성 준비 …………………………………… 56
❻ 자세 준비 …………………………………… 71
❼ 경성 준비 …………………………………… 77
❽ 진행 준비 …………………………………… 84
❾ 독서 준비 …………………………………… 88
❿ 교훈 준비 …………………………………… 97

⑪ 묵상 준비	110
⑫ 기도 준비	119
⑬ 몸과 정서 준비	127
⑭ 신학 준비	132
⑮ 세계관 준비	144
⑯ 자료 준비	165
⑰ 관계 준비	227
⑱ 찬송 준비	236
⑲ 미신자 준비	240

■ 참고 도서 … 246

1.
기본 준비

은혜

설교는 은혜의 귀한 도구입니다. 그리고 통로입니다. 우리 현실의 삶과 하나님의 뜻을 연계함이 얼마나 귀하고 의미 깊은 작업입니까? 이 세상 속에서 오늘의 하나님 말씀을 듣는 것입니다. 설교는 하나님의 은혜가 근원입니다. 하나님의 은혜를 인간의 생각으로, 말로 다 표현한다는 것은 불가능한 일입니다. 그러함에도 불구하고 하나님의 은혜를 다시 되새기고 그 은혜를 지금 시점에서 경험하게 함은 얼마나 귀한 일입니까? 인간 구원의 근거는 하나님의 은혜에 있습니다. 결국 인간의 한계성은 구원의 불가능성을 전제할 수밖에 없습니다. 그러나 하나님의 은혜는 이를 가능케 합니다. 이에 근거한 설교 사역은 축복 중의 축복입니다.

성령

성령님의 은혜는 오늘도 계속됩니다. 하나님은 인간에게 영혼을 주셨습니다. 영적인 감동과 능력과 깨우침은 인간에게 최상의 선물입니다. 설교를 통로로 성령님은 오늘도 일하십니다. 사도행전의 성령의 일하심의 증거는 오늘도 재현되고 있습니다. 우리가 모세의 막대기처럼 불완전하나 성령님이 그 모든 것을 사용하사 이루시는 역사는 너무나 감사하고 놀라운 일입니다. 설교 사역은 사람의 외침만이 아닌 성령님이 일하시는 통로입니다.

성화

만물의 변화는 너무 아름답고 신기합니다. 무엇보다 사람의 변화되어 감이 얼마나 기이한 일입니까? 설교 사역은 사람의 변화를 이루어가는 하나님의 도구입니다. 우리 인간에게는 한계가 있을 것입니다. 그러나 인간의 계속적인 변화와 더 심화되어 가는 변화는 얼마나 큰 은총입니까? 오늘도 그러한 변화의 은총을 생각하며 헌신해야 할 것입니다.

헌신

이 세상의 어느 영역이나 헌신자들의 고귀한 희생을 통해 아름다운 일이 이루어집니다. 하나님은 오늘도 이 세상에 누가 갈 것인가를 물으십니다. '내가 여기 있습니다. 나를 보내소서'라는 깊은 내면의 응답을 하며 나서는 일꾼들이 필요합니다. 이러한 진실한 응답이 이루어지게 함이 설교 사역입니다.

삶의 자리

성경은 우연이 기록된 것이 아닙니다. 하나님의 감동이 현실의 상황에 흘러 들어온 것입니다. 성경의 삶의 자리는 오늘과 차이가 날 수 있습니다. 그러나 오늘도 변함없이 삶의 자리에 하나님의 뜻은 들리고 있습니다. 수만 가지 환경이 있을 것이며 수많은 사람이 있습니다. 그러나 그러한 모든 상황과 사람들에게 지금도 진실하게 들려지는 하나님의 마음이 설교입니다.

인격

결국 모든 문제의 근본은 사람 자신에 있습니다. 사람을 변화시키지 않으면 모든 것은 모래성이 되는 것입니다. 하나님은 인간을 하나님의 성품에 참여하게 하십니다. 그러므로 새로운 태어남과 새로운 정신, 새로운 가치, 새로운 삶이 이루어져야 합니다. 이를 인격의 변화라 할 수 있습니다. 설교 사역은 잠잠한 것 같으나 하나님이 원하시는 인격을 오늘도 다듬어가는 도구입니다.

하나님 세상

신앙의 정신은 세상을 등지거나 도피하는 자세가 아님을 압니다. 항상 하나님의 세상에 보냄을 받은 의식을 상기해야 합니다. 그러한 하나님의 증인들이 되어가는 훈련을 지속해야 합니다.

균형

설교자가 최선을 다한다 해도 인간의 한계는 분명합니다. 그럼에도 불구하고 기도하며 역사를 살피며 성령님을 의지하여 더 명확성을 가질 수 있어야 합니다. 더 나아가 우리의 헌신은 전인적이어야 합니다. 그러기 위해 설교는 균형성을 고려해야 합니다. 감사는 전 삶을 수용하는 것이라는 교훈이 있습니다. 명과 암, 고와 낙을 다 안고 하나님 앞에서 신뢰로 살아가야 합니다. 이에 설교는 균형을 늘 살펴야 합니다.

단련

이런 설교 사역을 부족한 인간이 감당한다는 것 자체가 은혜입니다. 인간의 한계에 늘 겸손할 수밖에 없습니다. 우리가 설교에 자신감을 가질 수 있으나 오랜 시간이 지나고 보면 얼마나 허술한 생각인지를 깨닫게 됩니다. 옛 선지자들이 벗은 몸으로 상징의 사람이 되어 설교하던 것을 생각해 봅니다. 이런 귀한 사역을 위해 부단한 연구와 단련과 애씀이 있을 것입니다. 조그마한 보완이라도 지속해 나간다면 깊어지는 사역이 될 것입니다. 무엇보다 매일 평범한 삶 속에서 하나님의 마음을 경험해 보며 준비하고 숙고하여 섬기는 정신을 추슬러 나가야 하겠습니다

칼빈의 설교에 대한 가르침을 정리해 봅니다.

* 설교는 목사의 가장 시급한 일이다.
* 목사는 설교 외의 행동주의에 끌리거나 헛된 일을 즐거워할 여가를 조심해야 한다.
* 설교자는 겸손하나 확신을 가져야 한다.
* 설교자는 하나님께서 보낸 자다.
* 복음 설교는 하나님이 하강하셔서 우리에게로 찾아오시는 것과도 같다.

* 목사는 성경을 사려 깊게 연구해야 하며 빵을 자르고 씹어서 주는 자세를 가져야 한다.

* 설교자는 주석을 넘어 공동체의 요구와 시대의 필요성을 따르는 해석을 해야 한다.

* 설교는 단순하고 평이하고 간결해야 한다.

* 설교자는 악성을 공격해야 하며 교리와 더불어 권면해야 한다.

* 설교자는 이중성 교리를 따라야 하는데 양은 영접하고 이단은 퇴출해야 한다.

* 설교자는 두 가지를 강조해야 하니 성경 지식과 성경에 일치하는 행위이다.

* 설교자는 세 종류를 적대해야 한다. 설교를 거부하는 개인주의자, 영감만을 구하는 영성주의자, 성경에서 진리가 자동으로 나온다고 생각하는 급진 성서주의자들이다.

* 설교가 효과 있는 설교가 되기 위해서는 성령의 내적 증거가 필요하다. 설교가 우리에게 효과 있게 활동하기 위해서는 성령이 지성을 조명해야 하며 마음을 감동해야 한다.

* 설교자는 밭을 가꾸고 씨를 뿌린 후 기도로 자신의 노력을 축복해 달라고 비는 경작자가 되어야 한다.

2.
내용 준비–성구와 제목 준비

* 1년 단위로 전체 성경에서 분명한 의미를 가진 성구를 정리합니다.

* 성구 본문에서 핵심 내용 되는 부분을 그대로 기록하고 옆에는 핵심 제목을 기록합니다.

* 매년 새롭게 정리하면 더 깊은 의미를 맛볼 수 있고 자신의 변화도 느껴볼 수 있습니다.

* 성구는 책별 성질을 감안하여 큰 제목으로 묶습니다. '심령편'은 잠언, 전도서, 시편, '구원편'은 복음서, '역사편'은 역대상서과 역대하서, '생활편'은 모세오경, '사회편'은 예언서, '성화편'은 서신서, '묵시편'은 계시록과 다니엘서로 구분할 수 있습니다.

* 매일 새벽 기도 후에 입력한 성구들 칸을 벌려 묵상 내용을 3대지로 정리합니다.

* 또 다른 시간에 3대지의 내용 옆에 요점들을 보완 정리합니다.

* 설교 작성 시는 현재 상황을 생각하며 준비한 묵상 자료들에서 가장 적절한 내용을 선택하여 원고를 정리합니다.

다음은 성경 전체에서 성구와 제목을 정리한 자료입니다.

*** 상징편

* 창 1:1—태초에 천지를 창조하시니라—창조주 하나님

1/전능성: 말씀으로
2/사랑성: 예비하심
3/섭리성: 영원한 계획

* 창 2:23—내 뼈 중의 뼈요—평화의 관계

1/순종의 복: 선악을 알게 하는 나무 열매는
2/관계의 복: 내 뼈요
3/공급의 복: 선악과 제외 모든 식물 주심

* 창 7:6—노아 홍수—심판 속의 구원
* 창 19:24—소돔 고모라—기도의 섬김
* 출 4:9—출애굽—십재앙—구원의 하나님
* 삼하 19:4—다윗—압살롬의 정변과 사망—권력의 심판
* 사 20:3—벗은 몸의 선지자 이사야—부패의 깨우침
* 마 2:2—동방의 별의 징표, 탄생—구원자 징표
* 마 5:21-22—분노 살인과 간음의 가르침—사람 속의 죄
* 마 22:37-40—사랑 강령—제일 중요한 계명
* 요 9:1-3—시각장애인, 운수 이김—운명론의 극복

* 요 12:24—밀알처럼 살아라—밀알의 희생

* 눅 18:11—바리새인의 기도—자기 살핌

* 눅 23:43—십자가와 강도—은혜의 용서

* 마 28:9—부활의 평안—부활의 희망

* 행 9:5—바울의 회개—다메섹 사건—주님의 영접

* 계 21:4—애곡과 눈물이 사라짐—영생의 완성

* 히 11:36—고문 당하면서도 더 좋은 부활의 삶을 얻고자 놓임 받기를 원하지 않음—환난의 승리

* 행 1:8—성령이 임하시면—땅끝 증인

* 삼상 24:11—다윗 용서—엔게디 굴—옷자락 벰—용서를 나눔

* 민 23:8—발람 저주 불가—불변의 관계

* 창 50:20—요셉의 시련 승리—하나님의 인도

* 창 32:25—관절이 부러짐—밑바닥의 회개

* 삼하 1:26—요나단의 사랑—중심 가진 사랑

*** 심령편—잠언·전도서·시편

* 잠 2:7—정직한 자를 위하여 완전한 지혜를 예비—정직이 지혜

1/순전성
2/바름성
3/보장성

* 잠 3:11—징계를 경히 여기지 말라 그 꾸지람을 싫어하지 말라—징계의 사랑

1/진심성

2/신호성

3/단련성

* 잠 4:18—의인의 길은 돋는 햇살 같아서—밝은 의인의 길

* 잠 6:6—개미에게 가서 그가 하는 것을 보고 지혜를 얻으라—준비하는 삶

* 잠 6:23—훈계의 책망은 곧 생명의 길이라—훈계의 축복

* 잠 10:2—불의의 재물은 무익하여도 공의는 죽음에서 건지느니라—재물의 성찰

* 잠 11:17—잔인한 자는 자기의 몸을 해롭게 하느니라—사랑과 건강

* 잠 12:18—칼로 찌름같이 함부로 말하는 자가 있거니와 지혜로운 자의 혀는 양약과 같으니라—섬김의 말

* 잠 13:4—부지런한 자의 마음은 풍족함을 얻느니라—근면의 축복

* 잠 14:6—거만한 자는 지혜를 구하여도 얻지 못하거니와—지혜를 얻는 길

* 잠 14:34—공의는 나라를 영화롭게 하고 죄는 백성을 욕되게 하느니라—국가의 정도

* 잠 15:13—마음의 즐거움은 얼굴을 빛나게 하여도—기쁨과 건강

* 잠 15:22—의논이 없으면 경영이 무너지고 지략이 많으면 경영이 성립하느니라—경영 승리의 방법

* 잠 22:1—금보다 은총을 더욱 택할 것이니라—물질보다 은총

* 잠 22:11—마음의 정결을 사모하는 자의 입술에는 덕이 있으므

로—마음의 정결

* 잠 23:23—진리를 사되 팔지는 말며—진리의 고수
* 잠 27:17—철이 철을 날카롭게 하는 것같이—친구의 단련
* 잠 29:18—묵시가 없으면 백성이 방자히 행하거니와—방종의 비책
* 잠 30:8—나를 가난하게도 마옵시고 부하게도 마옵시고 오직 필요한 양식으로 나를 먹이시옵소서—빈부의 승화
* 잠 31:30—고운 것도 거짓되고 아름다운 것도 헛되나—미의 승화
* 전 1:6—눈은 보아도 족함이 없고 귀는 들어도 가득 차지 아니하도다—유물의 한계
* 전 3:1—범사에 기한이 있고 천하만사가 다 때가 있나니—시간의 한계
* 전 5:8—높은 자는 더 높은 자가 감찰하고—인간 위의 권세
* 전 7:7—탐욕이 지혜자를 우매하게 하고—탐욕의 제작물
* 전 7:14—형통한 날에는 기뻐하고 곤고한 날에는 되돌아보아라 이 두 가지를 하나님이 병행하게 하사—고락 병행의 깊은 뜻
* 전 11:7—눈으로 해를 보는 것이 즐거운 일이로다—감사한 삶
* 시 1:1—복된 자, 악인 꾀 죄인 길 오만 자리—참된 복
* 시 3:3—여호와여 주는 나의 방패시요 나의 영광이시요 나의 머리를 드시는 자이시니이다—머리 드시는 분
* 시 6:2—내가 수척하였사오니 내게 은혜를 베푸소서—수척에의 자비
* 시 7:11—하나님은 의로우신 재판장이심이여—필연의 재판
* 시 8:4—사람이 무엇이기에 주께서 그를 생각하시며—자비의 깃들임

* 시 9:8—공의로 세계를 심판하심이여 정직으로 만민에게 판결을 내리시리로다—심판 앞의 세상

* 시 10:1—어찌하여 환난 때에 숨으시나이까—하나님 숨음의 비의

* 시 16:5—여호와는 나의 산업과 나의 잔의 소득이시니—소득 속의 은택

* 시 18:26—사악한 자에게는 주의 거스르심을 보이시리니—거스름의 성찰

* 시 22:24—그의 얼굴을 그에게서 숨기지 아니하시고 그가 울부짖을 때에 들으셨도다—경청하시는 은총

* 시 24:1—땅과 거기에 충만한 것과 세계와—창조주의 선물

* 시 25:12—그가 택할 길을 그에게 가르치시리로다—선택의 인도

* 시 25:14—그의 언약을 그들에게 보이시리로다—언약의 체험

* 시 26:2—내 뜻과 내 양심을 단련하소서—내면의 단련 지속

* 시 32:1—허물의 사함을 받고 자신의 죄가 가려진 자는 복이 있도다—죄 사함의 은혜

* 시 34:8—여호와의 선하심을 맛보아 알지어다—선하심의 체험

* 시 49:12—사람은 존귀하나 장구하지 못함이여 멸망하는 짐승 같도다—인간 실존

* 시 56:8—나의 유리함을 주께서 계수하셨사오니 나의 눈물을 주의 병에 담으소서—살펴 주시는 하나님

* 시 62:1—나의 구원이 그에게서 나오는도다—잠잠히 바람—구원 앙모

* 시 62:8—시시로 그를 의지하고 그의 앞에 마음을 토하라—마음 소통

* 시 66:12—우리가 불과 물을 통과하였더니 주께서 우리를 끌어내사 풍부한 곳에 들이셨나이다—풍성한 인도

* 시 72:1—주의 판단력을 왕에게 주시고—판단력의 단련

* 시 78:38—그의 진노를 여러 번 돌이키시며 그의 모든 분을 다 쏟아 내지 아니하셨으니—기다리시는 단련

* 시 84:6—눈물 골짜기로 지나갈 때 그곳에 많은 샘이 있을 것이며—위로의 샘물

* 시 89:34—나의 인자함을 그에게서 다 거두지는 아니하며 나의 성실함도 폐하지 아니하며—여지의 은혜

* 시 90:1—주여 주는 대대에 우리의 거처가 되셨나이다—후대의 거처

* 시 103:2—내 영혼아 여호와를 송축하며 그의 모든 은택을 잊지 말지어다—되새길 은택

* 시 112:4—정직한 자들에게는 흑암 중에 빛이 일어나나니—섭리의 빛

* 시 119:75—주께서 나를 괴롭게 하심은 성실하심 때문이니이다—고난의 심의

* 시 126:5—눈물을 흘리며 씨를 뿌리는 자는 기쁨으로 거두리로다—눈물의 열매

* 시 139:14—내가 주께 감사하오옴은 나를 지으심이 심히 기묘하심이라—몸에 대한 감사

*** 구원편-복음서

* 마 4:4—떡과 말씀/시험 말라/하나님만 경배—시험의 극복

1/시험의 일상: 우는 사자같이
2/시험의 통로: 물질, 명예, 신앙
3/시험의 승리: 주님 신뢰 따름으로

* 마 5:4—애통자 위로/회개자의 안식—진정한 복
* 마 5:39—대적 말라—박해자를 위하여 기도하라—사랑의 기도
* 마 6:1—사람에게 보이려고—동기의 순전
* 마 6:33—먼저 하나님의 뜻을 구하라—신지의 추구
* 마 7:16—열매로 안다—인격과 삶의 증거—참된 인격
* 마 7:24—반석 집—튼실한 삶—인생 건축
* 마 8:16—귀신 들린 자—건강한 영혼—진정한 자유
* 마 8:10—이만한 믿음—시공 초월 믿음—전 삶의 신뢰
* 마 8:20—머리 둘 곳 없다—주님 자신의 추구—주님을 따르라
* 마 8:26—믿음이 적은 자들아—모든 상황—믿음의 대처
* 마 9:5—죄 사함을 받았느니라—근원 문제—근원 되는 용서
* 마 9:13—죄인을 부르러—자비의 수용—은혜 속의 죄인
* 마 9:24—잔다—죽음의 다스림—주님 안의 죽음
* 마 9:36—목자 없는 양과 같이 고생—인생의 목자
* 마 10:16—뱀과 비둘기—지혜와 순결—순전의 처세
* 마 10:20—속에서 말하는 성령—성령님의 동역
* 마 10:29—참새 한 마리도 허락지 않으면—섭리의 다스림
* 마 10:38—십자가 지고—시련 승화
* 마 11:3—오실 이가 당신—나병환자 깨끗—구원자의 진실
* 마 11:28—수고하고 무거운 짐—참안식

* 마 12:7—자비를 원하고 제사를—의식 이상의 사랑
* 마 12:12—사람이 양보다—사람의 생명
* 마 12:20—꺼져 가는 심지도 끄지 않음—자비의 희망
* 마 12:28—하나님 나라가 이미—신국의 현재성
* 마 12:39—요나의 표적—부활의 증거
* 마 12:42—솔로몬보다 더 큰 이—지혜의 근원
* 마 12:50—내 형제자매—사랑의 수용
* 마 13:8—좋은 땅 백 배—신국 이루어감
* 마 13:22—가시떨기에 뿌려짐—염려와 재물—성령의 승화
* 마 13:23—좋은 땅에 말씀 깨달음—사고의 변화
* 마 13:30—가라지 자라게 두라—불완전의 깨우침
* 마 14:27—안심하라 내니라—임재의 믿음
* 마 14:31—손을 내밀어 붙잡으시며—두려움의 구원
* 마 15:3—전통으로 하나님 계명 범함—근원적 신지
* 마 15:8—입술로는 경외, 마음은 멀다—더 진실한 믿음
* 마 15:11—입에서 나오는 것이 더럽게 함—내면 성결
* 마 15:27—부스러기를 먹나이다—은혜의 사모
* 마 16:11—바리새인 사두개인 누룩—독선과 방종
* 마 16:16—그리스도 하나님 아들—독생자를 보내심
* 마 16:23—하나님 일을 생각하지 않고 사람 일을—바침의 중심
* 마 16:25—목숨을 잃으면 찾음—섬김 일관
* 마 17:2—산에 올라 변형되사—초월의 영광
* 마 18:4—아이와 같이 낮추는 자—인격적 겸손
* 마 18:14—작은 자 하나라도 잃는 것은—전심의 섬김

* 마 18:33—내가 너를 불쌍히 여김같이—동심의 섬김
* 마 19:4—남자와 여자를 지으시고—창조의 심의
* 마 19:14—어린이를 용납하고—성숙에 대한 인내
* 마 20:14—나중 온 자에게 너와 같이 주는 것은 내 뜻—은혜의 까닭
* 마 20:28—목숨을 대속물로—전인의 섬김
* 마 21:13—내 집은 기도하는 집—예배의 성결
* 마 21:21—믿음이 있으면 산이 바다에—신뢰의 능력
* 마 21:30—뉘우치고 갔으니—뉘우침의 결단
* 마 21:42—버린 돌이 모퉁잇돌—놀라운 이루심
* 마 22:12—어찌하여 예복을 입지 않고—은혜의 덧입음
* 마 22:21—가이사 것은 가이사—현실 속의 중심 신앙
* 마 22:40—이 두 계명이 강령—삶의 중심
* 마 23:23—율법의 더 중한바 정의, 긍휼, 믿음—더 깊은 생각
* 마 24:2—돌 하나도 남지 않고 무너뜨려지리라—세상 비전
* 마 24:24—거짓 선지자가 미혹하리라—시대의 분별
* 마 24:45—충성되고 지혜 있는 종—오늘의 준비
* 마 25:4—그릇에 기름을 담아—성찰의 진실
* 마 25:40—작은 자 하나에게—주님 마음의 관계
* 마 26:28—나의 피 언약의 피—생명 바친 대속
* 마 26:41—기도하라 육신이 약하다—약함의 승리
* 마 26:64—구름을 타고 오는 것을—온전한 신국
* 마 26:75—세 번 부인—통곡하니라—생활 속의 시인
* 마 27:46—어찌하여 버리셨나이까—어두움의 진실

* 마 28:9—부활 후 평안하냐 하심—부활의 평안
* 마 28:19-20—세례 주고 제자 삼아—몸 바칠 사명
* 요 1:17-18—율법은 모세로 은혜와 진리는 그리스도로—하나님을 본 사람 없으되 독생하신 하나님이 나타내심—사람 되신 주님
* 요 3:5—물과 성령으로 거듭나지 아니하면 신국에 들어갈 수 없느니라—근원적 신생
* 요 3:16—믿는 자는 영생을 얻게—영생의 참뜻
* 요 3:36—아들을 순종치 않는 자는 영생을 보지 못하고 하나님 진노가 그 위에 머물러 있다—인생 점검
* 요 4:14—내가 주는 물 영원히 목마르지 않으리니—근원적인 충만
* 요 5:36—요한의 증거보다 더 큰 증거 아버지께서 내게 주사 이루게 하시는 역사—아버지가 나를 보내신 것을 증언—구원자의 증거
* 요 8:11—나도 너를 정죄하지 아니하노니 다시는 죄를 범하지 말라—진정한 자유
* 요 8:31-32—내 말에 거하면 참 내 제자가 되고 진리를 알지니 진리가 자유케 하리라—진리의 자유
* 요 8:50—내 영광을 구하지 아니하나 구하고 판단하시는 이가 계시니라—진실의 근거
* 요 9:3—날 때부터 소경—죄로 인한 것이 아니라 그에게서 하나님의 하시는 일을 나타내고자 하심—내가 빛이라—삶 속의 빛 경험
* 요 10:28—영생을 주노니 영원히 멸망치 않을 것—내 손에서 빼앗을 자가 없느니라—목자의 견인
* 요 11:25-26—부활이요 생명—살아서 믿는 자 영원히 죽지 않음—영원의 보장

* 요 12:24-25—한 알의 밀이 죽지 아니하면 그대로 있고 죽으면 많은 열매를 맺느니라—자기 생명을 사랑하는 자는 잃어버릴 것이요—섬김의 열매

* 요 14:16-17—다른 보혜사를 보내사 영원토록 함께 있게 하리니 그는 진리의 영이라—신자의 영적 상태

* 요 15:5—나는 포도나무, 너희는 가지—그가 내 안에 내가 그 안에 거하면 열매를 많이 맺나니—내면의 교통

* 요 15:9-10—나의 사랑 안에 거하라 내가 아버지의 계명을 지켜 그 사랑 안에 거하는 것같이—참사랑의 증거

* 요 16:32-33—너희가 다 각각 제곳으로 흩어지고 나를 혼자 둘 때가 오나니 아버지가 나와 함께 계시느니라—이것을 이름은 내 안에서 평안을 누리게 하려 함이라—임재의 평안

*** 역사편—역대상·역대하
* 대상 11:19—생명을 돌보지 않고 갔던 사람들 피—대신한 생명들

1/생명의 동일성: 나와 너가 동일
2/생명의 희생성: 타인의 도움으로 살아감
3/생명의 섬김성: 소중히 받들어야

* 대상 13:12—내가 어찌 하나님 궤를 내 곳으로—경외의 깨우침
* 대상 14:14—묻자온대 마주 올라가지 말고 뒤로 돌아—인도의 기도
* 대상 16:8—감사하며 만민 중에 알리라—증인의 중심

* 대상 21:1—사탄 충동—다윗이 계수—자만의 정화

* 대상 28:9—기쁜 뜻으로 섬김 감찰하사 의도 아심—순전한 의도

* 대상 29:17—천지의 것이 다 주의 것—하나님의 주권

* 대하 1:10—지혜와 지식을 주사—신뢰의 섬김

* 대하 8:20—내 이름을 거기 두리라—성전의 임재

* 대하 6:9—고통을 깨닫고 성전을 향해 손을 펴고—하나님과 교통

* 대하 7:14—내 얼굴을 찾으면 죄를 사하고 땅을 고칠지라—회개의 회복

* 대하 10:11—르호보암—멍에를 더욱 무겁게 할지라—권세의 부패

* 대하 12:1—르호보암 세력이 강해지매 율법을 버림—권세의 우상

* 대하 14:11—아사 구스 침략—주밖에 도와줄 이 없으니—구원의 간구

* 대하 16:9—아사-바아사 침략—아람 왕 의지 하나님 의지하지 않음—전심을 받으심

* 대하 17:9—여호사밧, 율법책을 성읍들에 가르침—신앙교육 혁신

* 대하 19:7—여호사밧—재판관—불의함도 치우침도 뇌물도—정의 사회

* 대하 20:20—신뢰하라 견고히 서리라—여호사밧 시대 모압 침략—두려움을 맞서 나가라—신뢰의 전진

* 대하 20:35—여호사밧 아하시야 교제—배 파선—성결의 단련

* 대하 21:4—여호람—형제 죽임/산당/창자병/에돔 침략—가족의 성결

* 대하 22:3—아하시야—아합 길 어머니가 꾀어—예후의 심판 임함—어머니의 사명

* 대하 24:11—요아스—여호야다 선한 영향—죽은 후 변질—영성의 성결

　* 대하 25:19—아마샤—에돔 전쟁 승리 자만—승리의 자만

　* 대하 26:16—웃시야—스가랴 교도—강성 후 자만 분향 시도—강성의 시험

　* 대하 28:22—아하스—이스라엘에 포로 된 백성들, 귀환시킴—아람신들 유입—앗수르 군사원조 요청—곤고한 때 여호와께 범죄—곤고의 이탈

　* 대하 31:20—히스기야—선과 정의 진실 행함—신앙의 개혁

　* 대하 32:8—그들은 육신의 팔, 우리는 하나님—신뢰의 근원

　* 대하 32:31—히스기야—바벨론 방백—이적을 물을 때 심중을 시험—물극필반(物極必反)

　* 대하 33:12—므낫세—환난을 당해 간구 겸손—환난의 깨우침

　* 대하 34:27—요시야—옷을 찢고 통곡했으니 네 말을 들었노라—말씀으로 변화

　* 대하 36:15—부지런히 사신을 보냄—인내의 권고

　* 스 1:1—고레스 원년 렘의 말 이룸—불변의 돌보심

　* 스 3:11—성전 기초 놓임 찬송—신앙의 다짐

　* 스 8:21—아하와 강 평탄한 길 간구—인도하심의 간구

　* 느 4:14—그들을 두려워하지 말고 하나님을—믿음의 헌신

　* 느 8:8—율법책 낭독, 다 우는지라—말씀으로 변화

　* 느 9:33—우리는 악을, 하나님은 진실을 행함—역사의 중심

*** 생활편–모세오경

* 출 2:15—모세—바로 낯을 피하여 미디안 땅에—영성의 단련

1/자만의 승화: 백성들 호응 구함
2/무력의 승화: 능력 부재 실감
3/영성의 승화: 하나님 주권 체험

* 출 2:24—고통 소리 들으시고 언약 기억—역사의 아픔
* 출 3:2—떨기나무 불꽃 안에서 불이 붙었으나 사라지지 않음—영원한 임재
* 출 3:14—스스로 있는 자니라 나를 보내셨다 하라—자존자 신뢰
* 출 12:7—피를 인방에 바르고—은혜의 구원
* 출 13:31—구름기둥, 불기둥—최선의 인도
* 출 14:13—두려워 말고 오늘 행하시는 구원을 보라—삶의 구원
* 출 15:25—부르짖었더니 마라 쓴물 단물로—쓴물의 기적
* 출 16:4—하늘에서 양식을—율법을 준행하나—공급 속의 순종
* 출 17:11—모세가 손을 들면 이기고—중보기도의 응답
* 출 18:21—천부장-십부장—분담과 통일
* 출 19:6—제사장 나라가 되며—세상에 대한 사명
* 출 20:2-3—종 되었던 집에서 인도, 나 외에 다른 신—바른 대신 관계
* 출 21:2—히브리종 일곱째 해 자유인—사람 존중
* 출 22:25—가난한 자에게 채권자 같이 말고—경제적 섬김
* 출 32:7—애굽 땅에서 인도한 백성이 부패—변심의 회개

* 출 40:34—영광이 성막에 충만—임재의 풍성

* 레 4:2:4—계명 중 하나라도 그릇 범하였으면—수송아지를 잡을 것—회개와 속죄

* 레 11:4—새김질, 굽이 갈라진 짐승—낙타, 돼지—음식의 승화

* 레 18:25—그 땅도 더러워졌기에 벌하고—문화생활의 분별

* 레 19:9—밭모퉁이를 다 거두지 말고—배려의 경제생활

* 레 19:15—재판할 때 불의를 행치 말고—공의의 생활

* 레 19:21—신접한 자를 믿지 말며—신앙 성결

* 레 25:10—50년해 자유 공포—사회적 참 자유

* 민 6:2—나실인 서원 자기 몸 구별—신체적 성결

* 민 11:4—탐욕—고기를 주어 먹게 하랴—감사의 승화

* 민 14:3—그 땅으로 인도, 칼에 쓰러지게 하려는가—인도하심의 확신

* 민 16:3—모세를 거슬러 총회에 높이느냐—하나님 안의 질서

* 민 20:12—이스라엘 자손의 목전에서 거룩함을 나타내지 않은 고로—거룩한 중심

* 민 23:8—하나님이 저주하지 않은 자를 내가 어찌—축복의 필연

* 민 25:1—싯딤-모압 여자들과 음행—성결의 응답

* 민 33:1—노정은 이러하니라—여정의 은혜

* 신 1:30—너희보다 먼저 가시는 하나님—신앙 체험

* 신 4:6—지켜 행하라 이것이 지혜와 지식이다—정로의 지혜

* 신 4:15—호렙산 불길 중 어떤 형상도 보지 못함—우상 정결

* 신 4:24—소멸하고 질투하는 하나님—하나님의 참사랑

* 신 6:5—마음을 뜻을 힘을 다하여—전인 신앙

* 신 8:3—40년 광야 길을 걷게 하심—승화시키시는 하나님
* 신 8:17-18—내 능력과 내 손의 힘으로 재물 얻었다—근원 진실
* 신 17:16—왕—병마—아내—율법서를 평생에 자기 옆에 두고—지도자의 성결
* 신 30:3—긍휼히 여기사 포로에서 돌아오게 하시되—긍휼의 회복
* 신 32:4—그는 반석, 완전, 진실, 공의—하나님의 인격 경험
* 신 32:11—독수리가 자기 보금자리를 어지럽게—시련의 섭리
* 신 32:15—여수룬이 기름지매 발로 참—변영의 유혹
* 신 33:29—너는 행복한 사람, 너를 돕는 방패시요—진실한 행복

*** 복음편–사도행전·로마서
* 행 1:4-5—약속하신 것을 기다리라 성령으로 세례를 받으리라—사역의 근원

1/근원성: 불
2/언약성: 내가 가면
3/실제성: 일하심

* 행 2:36-38—못 박은 예수를 주가 되게—우리가 어찌할꼬—회개, 세례, 죄 사함, 성령 선물—회개의 은혜
* 행 3:15—생명의 주를 죽였도다, 그를 살리셨으니 우리가 이 일에 증인이라—생명의 증인
* 행 6:3—성령과 지혜가 충만한 일곱을 택하여—이 일을 맡기고—협동 사역

* 행 8:4—그 흩어진 사람들이 두루 다니며 복음의 말씀을 전할 새—생명에 대한 사명
* 행 9:15—내 이름을 전하기 위한 나의 그릇—복음의 도구
* 행 13:2—성령이 이르시되 시키는 일을 위해 바나바와 사울을 따로 세우라—사역의 개척
* 행 13:23—다윗—내 뜻을 이루리라, 이 사람의 후손에서 구주 세움—역사 속의 구원계획
* 행 13:38-39—이 사람을 힘입어 죄 사함—율법으로 의롭다 함을 얻지 못하던 모든 일에도 이 사람을 힘입어 의롭다 함을 얻음—복음의 칭의
* 행 16:33—빌립보—그 밤에 간수와 그의 온 가족이 세례를 받음—기적의 선교
* 행 17:31—아덴—정하신 사람으로 심판할 날을 작정—살리신 것으로 믿을 만한 증거 주심—심판과 구원
* 행 18:5-9—고린도—예수는 그리스도라, 두려워 말고 침묵 말고 말하라—신국 선포
* 행 19:1-2—에베소—성령을 받았느냐, 성령이 계심도 듣지 못하였노라—성령 신뢰
* 행 20:24—받은 사명 은혜의 복음 증언하는 일을 마치려 함에는 나의 생명조차 조금도 귀한 것으로 여기지 않음—증언의 헌신
* 행 20:31-32—3년이나 밤낮 쉬지 않고 눈물로 각 사람을 훈계하던—주와 및 은혜의 말씀에 부탁하노니—은혜의 변화
* 행 22:8—나는 네가 핍박하는 나사렛 예수라—주님의 정체
* 행 23:11—담대하라—로마에서도 증언하여야 하리라—선교 비전

* 행 26:29—모든 사람도 나와 같이 되기를 원하나이다—선교사의 소원

　* 행 27:23-25—어젯밤-하나님의 사자가—네가 가이사 앞에 서야 하겠고—함께한 자를 다 네게 주셨다—여러분 안심하라—임재 속의 평안

　* 행 28:30-31—온 이태를 셋집에 머물며 예수 그리스도에 관한 것을 담대히 가르치더라—최선의 선교

　* 롬 1:2-4—복음은 선지자들을 통하여 아들에 관하여 약속하심—다윗 혈통과—부활하심으로 하나님 아들로 선포되심—구원사 속의 예수님

　* 롬 1:23-24—하나님 영광을 동물의 모양의 우상으로 바꾸었느니라—정욕대로 더러움에 내버려두사—인류의 변질

　* 롬 2:1-2—남을 판단하는 사람아, 판단하는 네가 같은 일을 행함—하나님의 심판을 피할 줄로 생각하느냐—외식의 심판

　* 롬 3:10-18—의인은 없나니 하나도 없으며 목구멍 열린 무덤, 입술 독사의 독, 발은 피흘리는 데 빠름, 눈앞에 하나님을 두려워함이 없느니라—인류의 현실

　* 롬 3:23-24—예수 안의 속량으로 은혜로 값없이 의롭다—복음의 축복

　* 롬 4:1-7—아브라함이 믿으매—다윗은 일한 것이 없이 의로 여김 받음—은혜에 근거한 믿음

　* 롬 4:25—예수는 범죄 인해 내어줌 의롭다 함 위해 살아남—구원을 위한 사역

　* 롬 5:1-4—의롭다 함을 받았으니 하나님과 화평을 누리자—영광

을 바라고 즐거워함―환난, 인내, 소망 이루어짐―신생의 축복

　* 롬 6:3-4―죽으심과 합하여 세례받고 살리심과 같이 새 생명 가운데서 행하게―생사의 동참

　* 롬 6:12-13―죄가 몸을 지배하지 못하게 몸 사욕 순종하지 말고 지체를 의의 무기로 하나님께 드리라―헌신의 몸

　* 롬 6:20-22―죄의 종이 되었을 때 무슨 열매를 얻었느냐―이제는 하나님께 종이 되어 거룩에 이르는 열매를 맺음―성결의 열매

　*롬 7:21―선을 행하기 원하는 내게 악이 함께 있다―인간의 내면

　* 롬 8:3-4―율법이 육신으로 말미암아 연약하여 할 수 없는 그것을 하시나니 아들을 죄 있는 육신의 모양으로 보내사 육신의 죄를 정하사 영을 따라 행하는 우리에게 율법의 요구가 이루어지게―율법의 완성

　* 롬 8:39―어떤 피조물이라도 하나님의 사랑에서 끊을 수 없으리라―궁극적 근원

　* 롬 10:3―하나님 의를 모르고 자기 의를 세우려고―유대인의 거울

　* 롬 10:14-15―듣지도 못한 이를 어찌 믿으리요 전파하는 자가 없이 어찌 들으리요―필수적 선교

　* 롬 12:2-3―이 세대를 본받지 말고 마음을 새롭게 온전하신 뜻을 분별―믿음의 분량대로 지혜롭게―헌신의 분별력

　* 롬 12:10-13―존경, 근면, 기쁨, 기도, 공급―교회 생활

　* 롬 12:17-18―모든 삶과 선한 일 도모―화목하라―대인 생활

　* 롬 13:8―남을 사랑하는 자는 율법을 다 이루었느니라―사랑의 원동력

　* 롬 14:3―먹는 자는 먹지 않는 자를 업신여기지 말고 먹지 않는

자는 먹는 자를 비판하지 말라—은혜 속의 관계

　* 롬 14:17—하나님 나라는 먹고 마시는 것이 아니요, 성령 안의 의와 평강과 희락이라—근원적 가치

　* 롬 15:1—믿음 강한 자는 약한 자의 약점을 담당하고—포용의 섬김

　* 롬 15:18—그리스도께서 나를 통하여 역사하신 것 외에는 감히 말하지 아니하노라—표적 기사 성령의 능력으로 이루어졌으며—사역의 주체

*** 사회편—예언서
　* 사 1:2—자식을 양육했거늘 거역하였도다—은혜에 응답

1/은혜성: 전부가 은혜 때문
2/거역성: 발로 참
3/호소성: 돌아오라

　* 사 1:10—소돔의 관원들아 고모라의 백성들아—관민의 부패
　* 사 1:13—헛된 제물을 다시 가져오지 말라 성회와 아울러 악을 행하는 것으로 견디지 못하겠노라—참 신앙의 메마름
　* 사 1:17-18—선행 정의 도움 변호. 변론하자 주홍같을지라도 눈과 같이—회개의 변화
　* 사 3:1—의뢰하는 모든 것을 제하여 버림. 양식 용사 선지자 재판관—정신의 중심
　* 사 6:3—거룩하다. 거룩하다. 그 영광이 온 땅에 충만—절대적

주권

　* 사 11:6—이리가 어린양과 함께 살며—신앙 안의 희망
　* 사 16:6—모압의 그 자랑이 헛되도다—교만의 심판
　* 사 19:3—애굽인의 정신이 그 속에서 쇠약할 것이요—그들이 우상과 신접한 자에게 물으리라—내면의 정신
　* 사 26:1—우리에게 견고한 성읍이 있음이여 여호와께서 구원을 성벽과 외벽으로 삼으시리로다—구원주 하나님
　* 사 28:28—수레바퀴를 굴리고 말굽으로 밟게 할지라도 부수지는 아니하나니—자비의 소망
　* 사 29:16—지음을 받은 물건이 지은 자에게 그가 나를 짓지 아니하였다 하겠으며—주권에 대한 진실
　* 사 30:20—환난의 떡과 고생의 물을 주시나 네 스승을 숨기지 아니하시리니—깨우침의 사랑
　* 사 32:17—공의 열매는 화평-평안과 안전이라—국가의 정도
　* 사 37:14—히스기야—그 글을 여호와 앞에 펴 놓고—간절한 간구
　* 사 40:8—풀은 마르고 꽃은 시드나 하나님의 말씀은 영원히 서리라—영원한 근거
　* 사 40:31—여호와를 앙망하는 자는 새 힘을 얻으리니—용기의 근원
　* 사 45:7—나는 빛도 짓고 어둠도 창조하며—전 삶의 주권자
　* 사 50:4—학자의 혀를 내게 주사 곤고한 자를 말로 어떻게 도와줄 줄을 알게 하시고—섬김의 언어
　* 사 53:6—그가 찔림은 우리의 허물 때문이요—대속의 사죄
　* 사 55:1—목마른 자들아 물로 나아오라 값없이 와서 젖을 사

라—은혜의 부름

　* 사 65:2—내가 종일 손을 펴서, 패역한 백성을 불렀나니—부르심의 기다림

　* 렘 2:13—두 가지 악—생수의 근원 버림—스스로 웅덩이를 팜—근원 성찰

　* 렘 4:1-2—내게로 돌아오라—가증한 것을 버리고 정의 공의로 맹세하라—사회의 갱신

　* 렘 5:1—살렘 거리로 다니며 정의를 행하며 진리를 구하는 자를 한 사람이라도 찾으면 성읍을 용서하리라—사회 속의 정의

　* 렘 5:26-29—덫을 놓아 사람을 잡으며 속임이 가득—이익을 얻으려고 송사를 공정하게 하지 않으며—정직한 사회

　* 렘 7:4-6—성전이라—행위를 참으로 바르게 하여—다른 신들을 따르지 않으면—구호 신앙의 성찰

　* 렘 10:23—사람의 길이 자신에게 있지 아니하니 걸음을 지도함이 걷는 자에게 있지 아니함—인생의 인도

　* 렘 13:9—유다의 교만을 이같이 썩게 하리라—교만의 황폐

　* 렘 17:9-11—만물보다 부패한 것은 마음—여호와는 폐부를 시험—불의로 치부하는 자 자고새가 낳지 않은 알을 품음 같아서 중년에 떠나리라—심정의 성찰

　* 렘 29:11—너희를 향한 나의 생각—평안이요 재앙이 아니라 미래와 희망을 주는 것—희망의 하나님

　* 렘 31:33—언약은 이러하니 내 법을 그들 속에 두며—신생의 은혜

　* 렘 32:25-27—이 성은 갈대아인의 손에 넘기신 바 됨, 내게 할 수 없는 일이 있겠느냐—전능한 계획

* 렘 33:2-3—일을 행하는 여호와, 성취하는 여호와, 부르짖으라 응답하겠고 은밀한 일을 보이리라—전능한 섭리자
* 렘 33:20-22—낮에 대한 나의 언약과 밤에 대한 나의 언약을 깨뜨릴 수 있을진대 나의 언약도 깨뜨려—언약의 영원성
* 애 3:19-22—고초, 재난, 쑥, 담즙, 소망이 있음은 인자와 긍휼이 무궁하시므로 진멸되지 아니함이니다—희망의 근거
* 겔 7:27—왕은 애통 고관은 놀람, 그 죄악대로 그들을 심판—필연의 심판
* 겔 8:5—제단 문 어귀에 질투의 우상이 있더라—우상의 정화
* 겔 9:4—살렘의 가증한 일로 말미암아 탄식하며 우는 자 이마에 표를 그리라—사회적 회개
* 겔 9:18—눈을 떠서 황폐한 상황과 성을 보소서—우리 공의를 의지하는 것이 아니요 주의 긍휼을 의지함이니이다—긍휼의 신뢰
* 겔 11:16—여러 나라에 흩었으나 내가 그들에게 성소가 되리라—초월의 위로
* 겔 11:19—그 속에 새 영을 주며 돌 같은 마음을 제거하고 살처럼 부드러운 마음을 주어—새마음의 은총
* 겔 14:3—자기 우상을 마음에 들이며—내게 묻기를 용납하랴—정결 심령의 기도
* 겔 22:30—성 무너진 데를 막아서서 나로 하여금 멸하지 못하게 할 사람을 찾지 못하였으므로—하나님 세상에 대한 사명
* 겔 28:1—두로 왕—나는 신이라—네 마음이 하나님 같은 체할지라도 사람이요 신이 아니라—인간 진실
* 겔 33:11—악인이 죽는 것을 기뻐하지 아니하고 악인이 그 길에

서 돌이켜 떠나 사는 것을 기뻐하노라―하나님 소원

　* 호 3:1―이스라엘 자손이 다른 신을 섬길지라도 여호와가 그들을 사랑하나니―음녀가 된 그 여자를 사랑하라―'불구하고'의 사랑

　* 호 4:1-2―이 땅에는 진실도 없고 하나님 아는 지식도 없고 저주, 속임, 살인, 도둑질, 간음, 피가 피를 뒤이음―부패의 아픔

　* 호 4:6-7―하나님의 율법을 잊었으므로 네 자녀들을 잊어버리리라 번성할수록 내게 범죄하니 영화를 변하여 욕이 되게 하리라―번영의 역설

　* 호 11:8―에브라임이여 내가 어찌 너를 놓겠느냐―나의 긍휼이 온전히 불 보듯 하도다―진심의 긍휼

　* 암 2:7―힘없는 자의 머리를 발로 밟고 아버지와 아들이 한 젊은 여인에게 다녀서―정결한 사회

　* 암 4:5―양식이 떨어지게 하였으나 내게로 돌아오지 아니했노라―경고의 결단

　* 욘 4:10-11―네가 이 박넝쿨을 아꼈거든 12만 명을 내가 아끼지 않겠느냐―영혼 사랑

　* 미 3:1-3―통치자들아, 정의를 아는 것이 본분이 아니냐 그들 살을 먹으며 가죽을 벗기며 다지기를 고기처럼―권세의 부패

　* 미 6:8―선한 것은 정의를 행하며 인자를 사랑하며 겸손히 하나님과 함께 행하는 것―신율의 생활

　* 합 3:16-18―환난 날을 기다리므로 밭에 먹을 것이 없으며…나의 구원의 하나님으로 말미암아 기뻐하리로다―절망 속의 신앙

　* 학 2:3-4―너희 눈에 보잘것없지 아니하냐―스스로 굳세게 할지어다―내가 너희와 함께하노라―신성한 과제

*** 성화편—서신서

* 고전 1:8—끝까지 견고케 하리라—견인의 은혜

1/긍휼성: 근거
2/헌신성: 믿고 사명 감당
3/희망성: 기대 추구

* 고전 1:30-31—그리스도는 하나님 능력, 지혜—그리스도 안에

* 고전 2:4—지혜의 말이 아닌 성령의 나타남으로—성령의 일하심

* 고전 3:6—나는 심고 아볼로는 물주기, 하나님은 자라게—궁극적 근원

* 고전 3:10—터와 세움—교회 건설

* 고전 4:6—나를 심판하실 이는 주—단독자

* 고전 4:5—마음의 뜻을 나타내시리라—의도의 성결

* 고전 5:2—음행이 있다—통한이 여기지 않고—교회 되게 하는 애통

* 고전 5:11—이와 같은 자들이 있더니, 성령 안에서 씻음과 거룩함과 의롭다 하심—남은 삶의 성결

* 고전 6:19—너희 몸은 하나님으로부터 받은바 성령의 전—몸에 대한 정신

* 고전 7:14—아내로 말미암아 거룩하게 되고—가정의 깊은 차원

* 고전 8:9—너희 자유가—걸려 넘어지게 하는 것—바른 자유 생활

* 고전 10:11—본보기가 되고 우리를 깨우치기 위하여—역사 통찰

* 고전 11:25—내 피로 세운 새 언약—대속의 은혜

2. 내용 준비—성구와 제목 준비

* 고전 12:1—신령한 것에 대하여—성령 역사의 통찰
* 고전 13:1—사랑 없으면 울리는 꽹과리—근본 되는 사랑
* 고전 15:17—살아나신 것이 없으면 여전히 죄 가운데—부활의 완성
* 고전 15:44—육의 몸으로 심고 신령한 몸으로—구원의 완성
* 고후 1:3—모든 위로의 하나님—위로로 일하심
* 고후 1:9—사형 선고—하나님만 의지하게—신뢰의 단련
* 고후 1:12—거룩함, 진실함, 은혜로 행함—일상의 정신
* 고후 1:17-18—경솔히—육체를 따라—예 하고—신지의 일상
* 고후 2:4—마음에 큰 눌림 많은 눈물로—눈물의 섬김
* 고후 2:14—항상 그리스도 안에서 이기게 하시고—보장된 승리
* 고후 3:9—의의 직분은 영광이 넘침—은혜 사역의 긍지
* 고후 3:7—이 보배를 질그릇에, 능력은 하나님께—질그릇 인격
* 고후 5:9—있든지 떠나든지 주를 기쁘시게—종말의 초월
* 고후 5:14—그리스도의 사랑이 강권—사랑의 동기
* 고후 5:17—죄를 그들에게 돌리지 않고 화목하게 하는 말씀을 부탁—생명에 대한 사명
* 고후 6:4—하나님 일꾼으로 자천, 환난과 고난과—충성된 헌신
* 고후 7:1—하나님을 두려워하는 가운데 거룩 이룸, 육과 영 깨끗—성결의 헌신
* 고후 7:6—낙심한 자들을 위로 디도의 옴으로—위로의 손길
* 고후 8:9—부요하신 자로서 가난하게 되심—은혜의 섬김
* 고후 10:4—우리 싸우는 무기는 육신에 속한 것 아님, 하나님 능력이라—온유의 근원

* 고후 10:13—분수 이상의 자랑을 하지 않음—나눠주신 범위 따라—사역의 겸손
* 고후 12:7—자고하지 않게 가시 사탄의 사자 주심—자고의 성결
* 고후 13:8—진리를 거슬려 아무것도 할 수 없고—진리 고수
* 갈 1:9—대속하기 위해 몸을 주심—대속 제물
* 갈 2:16—의롭게 되는 것은 율법의 행위로 말미암지 않고 오직 예수 그리스도를 믿음으로—한계 인간의 구원
* 갈 2:20—내가 그리스도와 함께 십자가에 못 박혔나니—주권 변화
* 갈 3:13—저주을 받은 바 되사 율법의 저주에서 속량—대속의 완성
* 갈 26-27—그리스도 안에서 하나님의 아들 됨 그리스도로 옷입음—은혜의 관계 회복
* 갈 5:16—성령을 따라 행하라 육체 욕심을 이루지 않으리라—성령의 성화
* 엡 1:3—신령한 복을 우리에게 주시되—더 깊은 축복
* 엡 1:18—마음눈을 밝히사 소망 영광이 무엇이며—심화되는 신앙
* 엡 2:1—죄로 죽었던 너희를 살리셨도다. 공중의 권세 잡은 자를 따랐으니—새로워진 심령
* 엡 3:8—그리스도의 풍성을 이방에 전하게—은혜 받은 자의 사명
* 엡 4:12—성도를 온전하게 봉사의 일을 하게 몸 세우게—은사의 사명
* 엡 4:25-27—참된 것 말하기. 분을 품지 말고 구제. 덕 세우는 말. 성령 근심케 말고 친절 불쌍히 여김—사랑의 관계 섬김
* 엡 5:24-25—아내들 남편에 복종, 남편들 자신 주기—사랑의 실제

* 엡 6:1-4—부모에 순종 공경, 자녀 주의 교훈으로 양육—신앙 가정의 삶

* 엡 6:7-8—기쁜 마음으로 섬기기를 주께 하듯—주께로부터 받음—대인관계의 근본

* 엡 6:11—마귀 간계 대적 전신 갑주 입으라—항상적 단련

* 빌 2:5—너희 안에 그리스도 마음을 품으라—심령의 심화

* 빌 3:1—주 안에서 기뻐하라—주님 근원의 희열

* 빌 4:6-7—염려 말고 감사로 아뢰라 하나님의 평강이 지키시리라—평강의 삶

* 빌 4:8—무엇에든지 참되고 경건, 정결, 사랑—삶의 성화

* 빌 4:12-13—풍부 궁핍 일체 비결 능력 주시는 자 안에서 할 수 있느니라—전 삶의 능력

* 골 1:9—신령한 지혜 총명으로 신지를 알고—신지의 분별

* 골 3:10—새 사람을 입었으니 창조하신 이의 형상을 따라—정신 개혁

* 골 3:15-16—평강이 주장하게—말씀이 풍성하여 피차 가르치며—정서의 충만

* 골 4:3—전도할 문을 열어 주사 그리스도 비밀을 말하게—주님 심기 헌신

* 살전 1:3—믿음 역사, 사랑 수고, 소망 인내—조화된 믿음

* 살전 5:15—악으로 악을 갚지 말고—항상 선을 좇으라—삶의 절대 노선

* 살전 5:16-22—기뻐하라 기도 감사 소멸 말라 악은 모양이라도 버림—충만한 영성

* 딤전 1:5—청결 마음 선한 양심 진실 믿음—신앙자의 인격

* 딤전 2:1-2—모든 사람 위해 기도—높은 지위에 있는 사람—중보 사명

* 딤전 3:9—직분—깨끗한 양심 믿음의 비밀—건전한 인격

* 딤전 4:5—말씀과 기도로 거룩해짐—성화의 도구

* 딤전 4:7—경건에 이르도록 연단—경건 연단

* 딤후 1:7—하나님이 주신 것은 두려워하는 마음이 아니요, 능력, 사랑, 절제하는 마음이니—마음의 용기

* 딤후 2:8-9—살아나신 예수 그리스도를 기억하라, 말씀은 매이지 아니하니라—용기의 근원

* 딤후 3:16—모든 성경은 하나님의 감동으로 됨—감동의 지속

* 딤후 4:17—주께서 내 곁에 서서 선포된 말씀 듣게—말씀 사역의 용기

* 딛 3:5—긍휼하심을 따라 중생의 씻음과 성령의 새롭게 하심—신생과 성화

* 히 1:3—하나님의 광채 본체 형상 죄 정결 우편에 앉으심—예수님 상

* 히 2:18—시험받아 고난 당하셨으니 도우심—시험을 도우심

* 히 5:8—고난으로 순종을 배움—순종의 단련

* 히 9:12—염소와 송아지 피로 하지 않고 영원 속죄 이룸—완전한 속죄

* 히 11:24-25—믿음으로 모세는 바로 공주 아들 거절—믿음의 결단

* 히 12:1-2—허다한 증인들이 있으니 인내로 경주, 예수를 바라보자—신앙의 경주

* 히 12:10-11—하나님은 우리 유익을 위하여—징계가 즐거워 보이지 않으나 평강의 열매를 맺음—섭리 속의 시련

* 히 13:17—너희 영혼을 위하여 경성하기를 자신이 청산할 자인 것같이—영혼의 지도자

* 약 1:14—시험을 받는 것은 욕심에 끌려 미혹됨—온전한 선물은 위로부터—욕심의 정화

* 약 1:27—정결한 경건은 고아를 환난 중에 돌보고 자기를 지켜 세속에 물들지 않음—성결한 섬김

* 약 3:8—혀는 길들일 사람이 없나니 악이요 독이 가득한 것이라—말의 오용

* 벧전 1:22—진리 순종 영혼 깨끗 형제 사랑—성결의 정신

* 벧전 4:1-2—육체의 고난 받은 자가 죄를 그침, 정욕 따르지 않고 하나님 뜻 따라 육체의 남은 때를 살게—여정의 정신

* 벧후 1:3-4—신기한 능력으로 생명과 경건에 속한 것 주심, 신성한 성품에 참여하게 됨—새 정신 선물

* 벧후 3:11-13—모든 것이 풀어지리니—하나님의 날—약속대로 새하늘 새땅—심판과 완성

* 요일 1:5—하나님은 빛 어둠이 조금도 없음—성결의 근원

* 요일 2:16-17—세상에 있는 모든 것이 육신 정욕, 안목 정욕, 이생 자랑—지나가되 하나님 뜻을 행하는 자는 영원 거함—세상 정신의 분별

* 요일 3:15-16—미워하는 자, 살인자—우리 위해 목숨 버림—사랑의 섬김

* 요일 4:10-11—사랑은 여기 있으니 우리가 하나님을 사랑한 것이

아니요 하나님이 사랑하사 화목 제물로 아들 주심—사랑의 원천

*** 묵시편—계시록·다니엘

* 계 1:7-8—구름 타고 오시리라, 애곡하리니—알파와 오메가라—역사의 전권

1/전미래: 오시리라
2/전역사: 구속사
3/전구원: 구원 완성

* 계 2:10—십 일 동안 환난을—죽도록 충성하라—환난 속의 헌신
* 계 2:20—자칭 선지자 행음하게 하며 우상 제물 먹게—복음 진리 분별
* 계 3:17-18—부자라 하나, 불로 연단한 금, 흰옷, 안약—냉철한 점검
* 계 6:1—일곱 인—흰말, 붉은말, 검은말, 청황색말, 여섯 인, 해가 어두워짐—세상의 소용돌이
* 계 7:13-14—흰옷 입은 자들, 환난에서 나온 자들—보혈에 씻음—시련 속의 성결
* 계 13:1—뿔이 열, 머리가 일곱, 머리들에 신성모독 이름 있음—악성 권세
* 계 16:1—하나님의 진노의 대접을 쏟음—심판의 경고
* 계 21:3-4—하나님의 장막이 사람들과 함께—모든 눈물을 닦아 주시니—위로의 완성

* 단 1:8—다니엘이 뜻을 정하여 포도주로 자기를 더럽히지 아니하리라—의지적 성결

* 단 2:45—손대지 아니한 돌이 산에서 나와서—부서뜨린 것을 보신 것은 하나님이 장래 일을 알게 하신 것—역사의 주권

* 단 4:25—왕이 들짐승과 함께 살며—일곱 때를 지낼 것—지극히 높으신 이가 사람의 나라를 다스리시며—권세자의 체험

* 단 6:10—조서에 왕의 도장이 찍힌 것을 알고도, 하루 세 번씩 무릎을 꿇고 기도—심령의 교통

3.
묵상 준비

* 묵상 시에 기도로 성령님의 인도를 간구합니다.
* 성경 자체의 문맥과 흐름을 잘 살펴봅니다.
* 특히 마음에 깊이 와닿는 단어, 사건, 문장을 집중, 생각합니다.
* 깊이 생각한 글의 요지를 정리합니다.
* 조용히 나의 생각과 대조하며 보완합니다.
* 깊은 내용을 생활 속에 연결합니다.
* 기회 나는 대로 꾸준히 성경을 읽고 생각을 보완, 교정합니다.

묵상 지속

묵상을 지속하는 일은 중요합니다. 감사한 것은 묵상을 지속하며 매년 자기의 변화를 느낄 수 있습니다. 하나님의 성숙시켜 감이 있습니다. 묵상 시에 노트를 적어 가면서 꾸준히 단련해 가야 합니다.

문맥

성경 연구 시에 성경의 흐름을 잘 파악하는 것이 중요합니다. 가장 가까운 자세는 문맥을 늘 살피는 일입니다. 앞뒤의 사건을 살피는 일입니다. 상황의 흐름도 주시해야 합니다. 한 단어나 한 구절만을 독립적으로 떼어 이해할 때 오류를 범하기 쉽습니다.

묵상 실제

* 첫째 날에 입력해 둔 성구를 근거로 대지를 묵상 중에 정리·기록합니다.
* 창 1:1—태초에 하나님이 천지를 창조—창조주 하나님

1/전능성: 말씀으로
2/사랑성: 예비하심
3/섭리성: 영원한 계획

*** 심령편

* 잠 2:7—정직한 자를 위하여 완전한 지혜를 예비—정직이 지혜

1/순전성
2/바름성
3/보장성

*** 구원편

* 마 4:4—떡과 말씀/시험 말라/하나님만 경배—시험의 극복

1/시험의 일상: 우는 사자같이
2/시험의 통로: 물질, 명예, 신앙
3/시험의 승리: 주님 신뢰 따름으로

*** 역사편
* 대상 11:19—생명을 돌보지 않고 갔던 사람들 피—대신한 생명들

1/생명의 동일성: 나와 너가 동일
2/생명의 희생성: 타인의 도움으로 살아감
4/생명의 섬김성: 소중히 받들어야 함

* 첫날 묵상 후 2일 정도 후에 다시 보완하고 교정합니다.
* 창 1:1—태초에—무에서 유—창조주 하나님

1/전능성: 말씀으로—빛이 있으라—무에서 유로 창조
2/사랑성: 예비하심—하루하루 준비하심—시 8: 인간이 무엇이기에 생각하시며
3/섭리성: 영원한 계획—이런 창조자의 마음은 구원과 영생을 주시기 위함이라—구속사

*** 심령편
* 잠 2:7—정직한 자를 위하여 완전한 지혜를 예비—정직이 지혜

1/순전성: 마음을 다하고 성품을 다하고 하나님 사랑

2/바름성: 진리가 자유

3/보장성: 반석 집이 된다는 보장

*** 구원편

* 마 4:4—떡과 말씀/시험 말라/하나님만 경배—시험의 극복

1/시험의 일상: 우는 사자같이—시험에 들게 마시고—시험 든 인물들

2/시험의 통로: 물질, 명예, 신앙—그 나라 그 의를 먼저 구하라

3/시험의 승리: 주님 신뢰 따름으로—시험 들게 마시고

*** 역사편

* 대상 11:19—생명을 돌보지 않고 갔던 사람들 피—대신한 생명들

1/생명의 동일성: 나와 너가 동일—요나단의 다윗 생명 사랑

2/생명의 희생성: 타인의 도움으로 살아감—자수성가자는 없다

4/생명의 섬김성: 소중히 받들어야—소자 하나에게

문맥 살피기

아래 자료는 성경 자체의 흐름을 따라 그 의미가 어떠한지를 살피는 자료입니다. 한 구절을 중심 삼더라도 앞뒤의 흐름을 살펴 분명한 의미를 생각함이 필요합니다. 문맥을 늘 살펴 치우침을 조심해야 합니다.

진리 고수—요한2서 / 요한3서 / 유다서

요이 4 받은 계명대로 진리를 행하는 자를 내가 보니 심히 기쁘다

요삼 4 자녀들이 진리 안에서 행한다 함을 듣는 것보다 더 기쁜 일이 없도다

요삼 9 으뜸 되기를 좋아하는 디오드레베

유 3 단번에 주신 믿음의 도를 위하여 힘써 싸우라

유 4 은혜를 도리어 방탕한 것으로 바꾸고

유 21 하나님의 사랑 안에서 자기를 지키라

중심 성구: "너의 자녀들 중에 우리가 아버지께 받은 계명대로 진리를 행하는 자를 내가 보니 심히 기쁘도다"

진리만을 추구할 때 가질 수 있는 기쁨만을 추구하라. 얼마나 순전하고 영구적일까? 그러나 사람은 진리와 버성겨 살기 쉽다. 인격으로 진리와 버성기고 하나님의 계시를 오용하여 버성기고 방종으로 진리와 버성긴다. 진리를 참되고 온전하고 자기화하여 추구하며 참된 기쁨의 삶이 되라. 또한 이웃들이 이 삶의 기쁨을 추구하게 하라.

새로운 하나님의 나라—마가복음 3~4장

3:2 안식일에 사람을 고치시는가 주시하고

3:14 열둘을 세우셨으니—귀신을 쫓아내는 권능을 가지게

3:5 하나님 뜻대로 행하는 자가 내 형제자매

4:10 좋은 땅—말씀을 듣고 받아 백배 결실

4:21 등불을 등경 위에 두려 함이 아니냐

4:30 겨자씨 한 알 같은 하나님 나라
4:39 바람을 꾸짖으시며 잔잔하라

중심 성구: "누구든지 하나님의 뜻대로 행하는 자가 내 형제요 자매요 어머니이니라"

하나님 나라를 가져오시며 그 속에서 참 자유와 평화를 누리게 하신 주님이시다. 거짓된 것에 매여 고통하는 인간에게 참된 영생을 주시는 것이다. 인간 한계에 근거한 전통의 매임에서 풀어주고, 인간의 이기심에 근거한 관계의 매임에서 풀어주고 자연의 아픔 속에서 살아가는 인간을 풀어 주신다. 하나님 나라는 필연 완성되는 은혜의 나라이다. 소망과 찬양과 헌신으로 나아가라.

사람이란?—창 1:26

"하나님이 이르시되 우리의 형상을 따라 우리의 모양대로 우리가 사람을 만들고 그들로 바다의 물고기와 하늘의 새와 가축과 온 땅과 땅에 기는 모든 것을 다스리게 하자 하시고."

사람이란 무엇인가?
하나님의 깊은 생각으로 창조해 주신 존재다.
귀한 인간다움을 주셨다. 그것이 형상이다.
귀한 사명도 주셨다. 그것이 다스리라는 것이다.
다만 창조만 한 것이 아니라 진심을 부으셨다.

삶에 필요한 것들을 준비하시는 가운데 하나님의 사랑의 마음이 부어진다.

이에 근거하여 나를 묻는다.

나는 물질 덩어리 이상,

나는 무의미 이상,

사랑을 쏟으신 존재,

이웃도 그러하다…. 이웃도 그러한 사람이다.

찬양하라. 삶을 날마다 드려라.

삶의 질서—창 2:16-17

"여호와 하나님이 그 사람에게 명하여 이르시되 동산 각종 나무의 열매는 네가 임의로 먹되 선악을 알게 하는 나무의 열매는 먹지 말라 네가 먹는 날에는 반드시 죽으리라 하시니라."

삶의 길은 인간이 만드는 것인가?

인간 삶은 본래 두 길이 있다.

생명과와 선악과,

이로 보건대 모든 삶의 근본은 바름이다.

옳음이다.

이 길 외에 다른 길은 없다. 다만 결단만 할 일이다.

매 순간 가야 할 길을 분별하라.

바른길만을 선택하라.

선악과는 바로 곁에 있는 것이다.

갈 길 외에는 돌이키지 말라

마성에서 자유—마 4:11

"이에 마귀는 예수를 떠나고 천사들이 나아와서 수종드니라."

인간 정신의 깊이를 다 모른다.
과학적이나 과학 이상이다.
인간 정신을 사로잡는 세력이 있다.
마성은 인류를 끌고 지금까지 왔다.
해결의 길은 무엇인가?
예수님은 사탄을 굴복시키신다.
더 나아가 사탄이 가장 깊이 인간을 사로잡고 있는 줄을 끊으신다.
그것은 죄책감이다.
주님은 자신이 형벌을 대신 받아 주심으로 이 줄을 자르신다.
마성에서의 자유는 바로 여기에 있다.

부르짖음을 들으심—시 22:24

"그는 곤고한 자의 곤고를 멸시하거나 싫어하지 아니하시며 그의 얼굴을 그에게서 숨기지 아니하시고 그가 울부짖을 때에 들으셨도다."

삶의 처절한 곤고
어느 누구도 장담하지 못하리라.

밟힘, 조롱, 수탈의 사건들이 현실에서 이루어진다.
지구촌 구석구석에서….
이러한 삶의 답은 어디에 있는가?
그 증거는 십자가의 주님이다. '왜 나를 버립니까?' 외친 주님이다.
그 부르짖음의 들으심은 부활이다.
오직 들으심만을 생각하라.
하나님이 곤고를 멸시하지 않으심만을 가슴에 품으라.

4.
인용 준비–성구집 준비

성구집을 준비하는 일이 필요합니다. 설교 시 근거가 되는 명확한 성구가 필요합니다. 모호하지 않은 내용을 가진 성구를 골라 보완하는 것입니다. 그러기 위해 그러한 구절을 성경 책별로 모아두는 것이 필요합니다.

* 성구는 성경 책별로 중요 성구를 모아두는 것이 중요합니다.
* 장과 절의 순서대로 정리하여 다음에 찾기 쉽게 합니다.
* 포스트잇을 사용하여 설교 시에 즉시 옮겨 사용하기 쉽게 합니다.
* 설교 후에는 제자리에 정리하면 다음에 쉽게 사용할 수 있습니다.

중요 성구 정리—포스트잇에 적어 차례로 붙여 정리합니다.
창 1:1
창 2:7
창 2:22-23

―――
출 2:24

출 3:14

―――

* 민 14:11

―――

* 신 1:30

―――

―――

―――

나머지 구약 성경 성구를 순서대로 정리합니다.

* 마 4:4

―――

* 눅 4:18

―――

* 요 1:11-12

―――

* 나머지 신약 성경 성구를 책별로 정리합니다.

> 창 1:1-창조
> 태초에 하나님이 천지를 창조하시니라

4. 인용 준비―성구집 준비

5.
작성 준비

성서신학

설교를 위한 단련은 하루의 일이 아닙니다. 일생을 다해도 부족할 것입니다. 무엇보다 더 깊이 연구할 부분이 성서신학이 아닐까 생각합니다. 성경 내용의 의미에 대한 깊은 이해가 설교의 근본이기 때문입니다. 문제는 신학자마다 강조하는 내용이 다르기도 합니다. 그러나 다양한 생각을 통해 더 넓고 깊은 이해를 할 수 있어야 합니다.

주석

주석은 늘 연구함으로 깊은 의미를, 더 나아가 바른 내용을 이해할 수 있습니다. 그러나 그것에 매여 삶의 자리와 너무 버성김을 이루는 일은 조심해야 할 것입니다.

영감

우리를 단련하는 중에 늘 다시 떠오르는 것은 영감이 사라진다는 것입니다. 귀한 생각이 그대로 머물러 있지 않습니다. 바로 기록하여 간직해야 합니다. 기록이 불가하면 외치기라도 몇 번 해야 합니다. 특히 상황을 생각할 때 그런 일이 일어납니다. 이 상황에 주님 뜻은 무엇인가 물으면 즉시 생각이 나타날 수 있습니다. 이것을 붙잡아야 합니다.

시련

시련은 설교를 단련하는 과정이 됩니다. 실제적 말씀은 사실 시련 속에서 나옵니다. 전인의 경험이 중요한 것입니다. 그러므로 시련 중에 더 깊은 기도와 말씀을 비춰 보는 것이 중요합니다. 오직 말씀의 단련이라는 생각을 하면서 침묵 속에, 기도 속에, 사랑 속에 시련을 이겨나가야 합니다.

주간 준비

단련 중에 중요한 것은 매일의 준비입니다. 주일 예배 후에 내용을 간단히 정리한 후 매일 감동되는 내용을 보완하는 것입니다. 그 생각들이 가득하면 거기에서 확실한 것을 뽑아 정리하는 것입니다. 너무 많은 내용을 다 쓰려는 일을 조심해야 합니다. 이러한 매일 설교 보완과 다듬기는 설교를 더욱 충실하게 합니다.

작성

설교를 하기 전에 완전히 기록합니다. 기록하는 이유는 즉석에서 말하는 것과 기록 후에 말하는 것이 다르기 때문입니다. 시인이 시를 수십 번 고쳐 쓰는 것을 봅니다. 가장 적합한 단어를 고르며 남에게 잘 이해가 되며 감동이 되게 하기 위한 작업입니다. 설교를 적는 것도 그러한 이점이 있습니다. 종종 사투리나 나의 감정의 말로 예의를 벗어난 투박함이 설교를 적는 순간 정리됩니다. 처음에는 그저 흐름 따라 적어 봅니다. 며칠 후 재정리할 때 정신을 가다듬어 교정합니다. 이렇게 하면 생각이 명확해지고 모호함을 교정할 수 있습니다.

서론

서론은 중요합니다. 모든 시선이 집중되게 됩니다. 새로움을 구하는 시간입니다. 이때 일반적으로 성경 배경을 이야기하거나 인사를 하거나 그렇게 사용할 수 있습니다. 그러나 중요한 서두이기에 적극적으로 활용하는 것이 좋을 것 같습니다. 거두절미하고 오늘 설교에서 핵심 되는 사항을 간단히 요약하여 제시함이 필요합니다. 그러므로 서론은 반드시 단정한 문장으로 정리해야 합니다. 설교 시는 암송하여 분명하게 나누어야 합니다.

대지

대지를 전개하게 됩니다. 일반적인 경험으로 삼 대지를 넘어서면 효과가 적어지는 것 같습니다. 대개 중요한 골자 세 가지를 잘 기억하고 소화하는 것 같습니다. 그러므로 다음에 또 전할지라도 가장 선명한 내용을 세 가지만 정확하게 정리하는 것이 중요할 것 같습니다. 거기에 여러 사족을 붙이는 것도 절제할 필요가 있습니다. 복잡한 것보다는 단순하여 일괄적인 것이 오래 기억되기 쉽습니다. 우리는 욕심이 과해 한 번에 전체를 이루고자 합니다. 그러나 조심하여 청중을 배려해야 합니다.

근거 성구

근거 성구를 제시하는 일은 명확성을 줍니다. 그러기 위해서는 명확한 내용을 가진 성구를 제시함이 필요합니다. 애매모호한 구절은 더 깊이 연구하기로 하고 다음으로 미루는 것이 좋습니다. 근거 성구는 한 대지에 한 개 정도로 하면 단순함이 있게 되지 않나 생각됩니다. 성구를 제시할 때는 그 핵심 내용을 한번 간단히 언급한 후에 합독하는 것이 좋습니다. 미리 예상한 기억을 가지고 성구를 읽으면 이해가 쉬울 것입니다

통합성

원고를 작성할 때 정신적 흐름을 잘 정리하면서 합니다. 영성적인 면을 깊이 생각할 수 있습니다. 그러나 동시에 삶의 자리도 연계시켜야 합니다. 쉽게 말하면 추상적인 면을 강조하다 보면 공중에 떠 있는 초월형이 강조되기 쉽습니다. 또한 원리형으로 제시하게 되면 압박감에 싸이기 쉽습니다. 원리는 실제와 현실을 곁들여야 합니다. 그러므로 조화형이 중요한 것 같습니다. 음성적으로도 조화와 균형을 기하며 내용적으로도 통합적 내용으로 정리함이 중요합니다. 혹시 설교자 자신의 돈음형이 나타나기 쉬운데 개인적 근거나 사적 내용은 특별한 내용 외에는 삼가는 것이 걸림돌을 제거하는 길이 될 것입니다.

원고

설교를 기록하는 일은 매우 중요합니다. 문제는 기록하는 데 많은 시간이 드는 것입니다. 그러므로 중요한 내용을 정리하는 방식으로 적는 것입니다. 원고를 마무리한 후에 공백에 첨가 사항을 적을 수도 있으니 너무 자상하지 않게 적으려고 할 것입니다. 설교 시간 안에 마칠 수 있게 절제적으로 원고를 정리하면 됩니다. 처음 원고 작성 시는 생각의 흐름 따라 적어 두고 며칠 후에 다시 교정하는 것이 좋습니다. 이유는 며칠 동안 생각이 정리되기 때문에 교정이 더 알차게 됩니다. 단어도 다시 정선되게 됩니다. 시간이 걸리는 것을 도움받기 위해서는 근거 되는 성구를 별도로 정리하여 사용하는 것입니다. 원고에는 성구 장, 절만 표시하고 책별 성구집을 만들어 포스트잇으로 작성하여 사용하면 수월합니다.

설교 재고

평상시에도 성경을 설교로 정리하는 단련을 지속해야 합니다. 남의 설교를 들을 시에 이해하면서도 그 본문을 재정리할 수 있습니다. 더 깊이 더 질서 있게 해보는 것입니다. 그렇다고 청취를 소홀히 하는 것이 아닙니다. 더 나아가 일 년에 한 번씩 전체 성경을 연구하며 가장 확실한 성경 내용 성구를 정리하는 것입니다. 매년 하면 다른 각도의 생각과 다른 깊이를 경험하게 됩니다. 그동안의 삶을 통해 주님이 더 깊은 데로 나아가게 하시기 때문입니다. 재정리하는 사이에 더 깊은 깨달음이 있어 감사하게 됩니다.

묵상 자료

* 최종적으로 묵상한 자료 중에서 가장 분명한 사항들을 골라 생각의 흐름 따라 원고를 작성합니다.
* 1일 후 원고를 교정, 보완합니다.
* 원고 작성 1일 후 중요한 핵심 단어 사건에 색상을 입혀 두드러지게 합니다
* 최종적으로 실례를 보완, 색깔로 원고 공란에 메모합니다.
* 마지막으로 원고를 소리 내어 읽어본 후 기도로 은혜를 구합니다.

원고

가정편—엡 6:1-4—부모 공경—찬송가 558/579장

이 시간은 부모님 공경이란 제목으로 말씀을 나누려 합니다. 하나님께서 은혜 주시기를 바랍니다.

부모님은 하나님이 우리를 위해 보내주신 분들입니다. 사람은 하나님의 계획 가운데 부모를 통해 이 세상에 옵니다. 살아가는 과정에서 부모의 온갖 희생을 통해 성장합니다. 부모의 깊은 정과 돌보심은 하나님을 대신한 손길들입니다. 부모님께 감사하며 부모님을 존경함은 모든 도덕의 기본이 됩니다.

오늘 성경에서 공경은 부모님을 주신 하나님의 뜻이라고 가르칩니다. 공경하고 순종하라는 것입니다. 공경은 무겁게 생각하는 마음 자세입니다. 존경입니다. 순종은 부모님이 품은 선한 뜻을 늘 새기며 살아내는 것입니다. 우리는 하나님의 귀한 뜻을 마음에 새기며

섬겨야 하겠습니다. 엡 6:1-2

첫째, 우리는 은혜를 생각하며 공경해야 합니다.

부모는 하나님이 주신 선물입니다. 일반적으로 부모를 섬기라는 뜻은 인간이기에 그리해야 한다고 생각합니다. 그러나 신자는 부모를 주신 하나님의 뜻이기에 그리하는 것입니다. 우리가 하나님을 섬기는 것은 하나님이 은혜를 주시기 때문입니다. 은혜란 모든 조건을 넘어서서 사랑하는 것을 말합니다. 우리가 부족해도 연약해도 하나님의 사랑은 변치 않습니다. 성경을 보면 모두 부족한 사람들이지만 하나님은 끝까지 사랑을 베푸시고 깨우치시고 인도하셨습니다. 은혜입니다.

부모님을 공경하는 이유도 부모님의 은혜 때문입니다. 부모님은 모든 조건을 넘어 자식들을 돌보십니다. 자신을 다 희생하여 우리를 키웁니다. 온갖 고생을 자원하여 감당하십니다. 은혜입니다.

한 어머님의 이야기가 있습니다. 산골에 혼자 사시는 이유는 자기 딸이 고등학교에 다니다가 학교에서 쓰러졌다고 합니다. 검진해 보니 고칠 수 없는 병이었다고 합니다. 그래서 어머님이 딸을 살려보려고 깊은 산속으로 온 것입니다. 온갖 약초를 캐서 간호했습니다. 10년 동안 애썼지만 결국 세상을 떠나고 말았습니다. 그러나 어머님은 딸의 무덤이 있는 산속에 혼자 남아 있는 것입니다. 방송에 보여 주는 것은 한 장 한 장 찢어진 《동의보감》이란 약초에 대한 책이었습니다. 부모는 자식을 위해 모든 것을 희생하는 은혜의 부모입니다. 부모님은 그 가슴에 항상 자식이 담겨 있습니다. 그러기에 자식이 가 있는 곳에 부모 마음이 가 있는 것입니다. 자식을 잊지 못하

는 것입니다. 사 49:15

둘째, 우리가 공경하려면 수용해야 합니다.

부모님을 공경하려면 부모님을 마음에 받아들여야 합니다. 이것이 수용입니다. 부모는 신이 아닙니다. 불완전한 인간이기 때문입니다. 사람은 장점과 단점이 있습니다. 밝고 어두운 면이 누구나 다 있습니다. 그러나 자녀들은 부모에게서 완전을 요구합니다. 그리 안 되기에 저항감을 가지기 쉽습니다. 부모를 공경하라는 명령은 그런 부모를 마음에 받아들이며 섬기라는 뜻입니다.

이스라엘의 다윗 왕의 가문을 보십시오. 다윗은 실족하여 죄에 빠진 사건이 있었습니다. 간음과 살인의 죄를 범합니다. 그 후 여러 아내에게서 난 자녀들이 갈등을 일으킵니다. 한 아들이 어머니가 다른 자매를 범하게 됩니다. 이 자매의 오빠가 앙심을 품고 그 형제를 살해하고 맙니다. 그 아들이 압살롬입니다. 압살롬은 아버지가 무서워 도망합니다. 세월이 흐른 후 신하들의 요청으로 압살롬을 궁궐에 불러들입니다. 그러나 아버지는 대면하지 않습니다. 받아들이지 않는 것입니다. 압살롬은 앙심을 품고 군대를 조직하여 아버지를 쫓아냅니다. 결국은 아들과 아버지의 군대가 투쟁하게 되고 압살롬은 죽고 맙니다. 아버지는 가슴을 치며 후회합니다. 문제는 무엇입니까? 아들도 아버지도 서로 받아들이지 못한 마음 때문입니다.

성경은 우리가 타자를 용서하며 사는 이유를 가르칩니다. 그것은 십자가의 하나님의 아들이 대신 고통과 저주를 당하는 것을 근거로 하나님은 예수님을 믿는 자를 완전히 용서하시는 것입니다. 이런 하나님의 용서를 근거하여 우리는 타자를 용서하고 수용하는 것입니다.

마 18:32:33—결국은 하나님의 사랑과 용서를 우리는 나누어 주는 것입니다. 부모공경은 부모를 받아들이는 것입니다. 저항의 마음이 있다면 하나님의 용서를 품으십시오.

셋째, 공경하려면 지금 해야 합니다.

사람은 가는 존재입니다. 시간은 기다려주지 않습니다. 풀은 마르고 꽃은 시듭니다. 그러므로 부모님 섬기는 일에는 지금만이 있을 뿐입니다. 예수님의 부모공경을 새겨 보십시오. 십자가의 그 쓰라린 고통 속에서도 어머니를 생각합니다. 그래서 마지막으로 제자에게 어머니를 부탁합니다. 요 19:27

지금 공경하고 순종하며 섬기십시오. 지금만이 기회입니다. 정호승 시인은 '구부러진 못'이라는 시를 지었습니다.

벽에 박아 두었던 못을 뺀다/ 구부러진 못을 그대로 둔다/ 구부러진 못을 억지로 벽에 쾅쾅 못질하던 때가 있었다/ —/ 뇌경색으로 쓰러진 늙은 아버지/ 공중 목욕탕으로 모시고 가서/ 때밀이용 침상에 눕혀 놓은 구부러진 못이다/ 때밀이 청년이 벌거벗은 아버지를 펴려고 해도/ 더 이상은 펴지지 않는다/ 아버지도 한때 벽에 박혀 녹이 슬도록/ 모든 무게를 견뎌 왔으나/ 벽을 빠져나오면서 구부러진 못이 되었다.

다시 한번 부모를 주신 하나님의 뜻을 새겨야 하겠습니다.
네 부모를 순종하고 공경하라 엡 6:1-2

상황편—신 17:14-20 [20]—왕에 대한 계명—찬송가 321/320장

지도자는 홀로 있는 것이 아닙니다. 세상을 향한 하나님의 계획 속에 사명을 맡은 자입니다. 그래서 성경은, 권세는 하나님에게서 난 것이라고 말합니다. 사명자는 항상 권세를 맡겨주신 하나님을 생각해야 합니다. 하나님은 자기 계획 속에 민중들의 손을 거쳐 지위를 주십니다. 인간은 연약하며 시험과 시련과 유혹에 넘어지기 쉽습니다. 그러므로 지도자는 경성하고 성찰하고 지혜를 간구하며 사명을 감당해야 합니다.

오늘 성경은 왕이 어떠한 정신과 자세로 행하며 자기 사명을 행할 것인지를 가르칩니다. 번영과 누림에 집착할 때 넘어지는 것을 경고하십니다. 하나님의 뜻을 늘 되새기며 바른 정신과 섬김으로 주어진 사명을 다해야 할 것을 가르치고 있습니다. 지도자는 신중하며 또 신중하여 헌신해야 합니다.

1/신지 신중

지도자는 항상 근원 되는 하나님의 바른 뜻을 갈구해야 합니다. 평생 하나님의 말씀을 옆에 두고 되새겨야 합니다. 사명자의 귀한 의무는 자기 사고를 늘 정리하며 새롭게 하며 바르게 해야 합니다. 모든 행동은 이 사고에 달려 있습니다. 외적 행동은 내적인 심정에서 시작됩니다. 그러므로 내면을 가다듬는 일은 중요합니다. 하나님의 백성은 뼛속에 하나님의 뜻을 새겨 살아가야 합니다. 그것이 바른길입니다. 하나님의 뜻을 살피는 일이 하나님이 보장하는 열매를 맺는 길입니다. 하나님은 이 세상 속에 살면서도 이 세상 정신이 아

니라 하나님의 거룩한 뜻을 새기고 따라야 한다고 가르칩니다. 롬 12:2

2/과다 신중

인간은 흐트러지기 쉽습니다. 어려운 때 그리되기가 쉽습니다. 그러나 더 흐트러지기 쉬운 것은 배부를 때입니다. 그러므로 과다함을 늘 조심해야 합니다. 힘들 때 하나님께 간구하던 정신이 풍요해지면 허물어지고 맙니다. 냉온 어느 상태에서나 우리의 심령을 하나님께 드려야 합니다. 오늘 성경은 왕이 말과 아내와 은금을 많이 두지 말 것을 가르칩니다. 이유는 과다함이 마음을 변질시키기 쉽기 때문입니다. 그래서 성경에는 '가난하게도 부하게도 말게 해주십시오. 가난하면 도둑질하기 쉽고 부하면 하나님을 모른다고 하기 쉽습니다'라고 고백하고 있습니다. 우리는 항상 잘될 때 마음 중심이 변함없이 하나님을 사모해야 합니다. 무언가 이득 된 일이 생겼을 때 하나님이 의롭게 생각하시는지를 살펴야 합니다. 견리사의 정신입니다. 우리가 옛날보다 발전된 시대 속에서 누리고 사는 일을 성찰해 보아야 하겠습니다. 성경은 이스라엘 민족이 배부르게 되니 하나님을 발로 찼다고 깨우치고 있습니다. 성도의 삶은 한결같이 하나님께 드려져야 합니다. 그래서 주야로 하나님의 뜻을 가슴에 새겨야 합니다. 과다함에 몰입되어 하나님을 경외함이 흐트러져서는 안 되겠습니다. 특히 지도자는 과다함에 늘 깨어 신중해야 합니다. 시 1:1

3/순간 신중

삶은 순간순간이 모여 일생이 됩니다. 그러므로 순간을 신중하게 살아내야 합니다. 우리가 차량을 운전할 때 '순간이 모든 것을 결정합니다'라는 경고 글자를 봅니다. 순간의 졸음, 순간의 소홀, 순간의 자만이 큰 사고를 일으키고 맙니다. 순간에 신중해야 합니다. 지도자는 큰 책임을 지고 있습니다. 한순간의 결정이 수많은 사람에게 영향을 주고 맙니다. 우리는 언제나 무슨 결정을 하기 전에 하나님께 간절히 기도해야 합니다. 순간의 결정을 어떻게 할지를 물어야 합니다. 하나님의 근본적인 선하심의 뜻을 살펴야 합니다. 이렇게 살 때 처음이나 마지막이나 한결같은 자세가 되는 것입니다. 인간은 수없이 변화해도 하나님은 영원하십니다. 그 뜻만이 영구적입니다. 사 40:8

지도자에게 하나님은 가르치십니다. 하나님의 뜻을 살피라 하십니다. 과다하며 풍요할 때 신중해야 합니다. 순간에 신중해야 합니다.

우리는 지도자를 위해 중보기도를 늘 드립시다.
우리도 하나님의 뜻을 구하며 생각을 늘 성찰합시다.
번영을 바르게 살아갑시다.
순간을 바르게 살고 시종일관하는 신앙인이 됩시다.

복음편—고전 2:12-16—하나님의 영—찬송가 190/191장

성령님은 하나님이십니다. 성경에는 '하나님의 영'이라고도 부릅니다. 성령님은 사람의 지식을 뛰어넘으십니다. 성령님은 사람의 능력을 뛰어넘으십니다. 그래서 성경에는 하나님이 창조하실 때 하나님의 신이 운행했다고 기록되었습니다. 성령님은 초기 교회를 인도해 주셨습니다. 300년간이나 혹독한 시련과 순교 시대에서도 성도들을 지켜 주셨습니다. 성도인 우리가 예수님을 마음에 모시게 된 것은 인간의 힘으로 된 것이 아니라 성령님이 감화하여 그리된 것입니다. 오늘도 성령님은 우리를 변화시켜 가십니다. 오늘도 성령님은 성도의 생활을 지켜 주십니다. 예수님이 승천하신 후 제자들이 간절히 성령님을 간구하고 있을 때 성령님이 임했습니다. 제자들에게 용기와 믿음과 능력을 주셨습니다.

1/누구신가

성령님은 하나님이십니다. 성령님은 인간을 감동하시고 믿음을 주십니다. 성령님에 대해 예수님은 '보혜사'라고 가르쳐 주셨습니다. 영어 성경에는 '돕는 자', '상담해 주시는 분'이라는 뜻으로 기록되어 있습니다. 성도는 연약한 인간입니다. 그러나 성령님이 능력으로 우리를 늘 인도하십니다. 스데반 집사님이 돌에 맞아 죽으면서도 "하나님 저들을 용서하여 주소서"라고 사랑의 기도를 드린 것은 성령님이 능력을 주셔서 그리한 것입니다. 그래서 성경에는 스데반 집사님은 성령이 충만한 사람이었다고 기록되었습니다.

성령님은 오늘도 우리 성도들에게 위로와 용기를 주십니다. 손양원 목사님이 일제시대 신사 참배를 거부하여 옥에 갇혀 고생했습니다. 그때 목사님은 '고중진리'라고 결심했다고 합니다. 고난 중에 더 분명하고 확고한 진리를 배우게 하나님이 일하신다는 말입니다. 주

님이 약속한 보혜사를 다시 확인해 봅시다. 요 14:26

2/사역

성령님은 어떤 일을 하실까요? 성령님은 시련을 이겨 승리하게 용기를 주십니다. 초기 교회 성도들이 핍박이 심하여 고달픈 중에도 예수님을 전하는 일을 계속했습니다. 스데반 집사님이 돌에 맞아 순교한 후 성도들은 성령님이 용기를 주셔서 또다시 전도했습니다. 행 8:1, 4. 성경에는 힘으로도 능으로도 못하나 여호와의 신으로 된다고 약속하고 있습니다. 우리는 언제나 성령님을 간구하며 성령님이 주시는 능력을 체험하며 시련을 극복해야 합니다. 무엇보다 성령님은 죄인을 구원하며 하나님의 자녀로 회복시킵니다. 우리는 지금도 부족한 점이 많습니다. 그러나 낙심하면 안 됩니다. 성령님은 식물을 점점 키워 열매를 맺듯 우리를 변화시키고 성장시키십니다. 이 경험 저 경험, 이 상황 저 상황, 이 말씀 저 말씀을 통해 우리를 점점 자라게 하십니다. 믿음도 키워주십니다. 욥이 말한 것처럼 귀로만 듣다가 눈으로 보게 되는 것같이 우리를 성숙시키십니다.

3/간구

성령님은 우리를 더욱 정결케 하십니다. 그래서 성령이 충만하면 회개가 깊어집니다. 어거스틴이 점점 회개가 깊어져서 어렸을 때 어머니 젖을 물어 아프게 했던 것까지 회개했다고 합니다. 성령은 우리 속을 다 비춰줍니다. 평양 장대현교회에 길선주 장로님이 예수님을 믿고 신앙생활을 하던 중 성령이 깊이 감동했습니다. 그때 성도들 앞에 자기 죄를 자백하였습니다. "저는 친구가 죽어가면서 남아 있는 식구들을 부탁하며 재물을 맡겼는데 제가 제 이익을 위해 사용한 죄를 지었습니다." 장로님이 진심으로 회개하였고 성도들은 감동을 받아 각각 자기 죄들을 회개하여 교회가 완전히 변화되었던 것입니다.

성령님은 오늘도 회개를 깨우쳐서 우리를 회복시키십니다. 그러므로 술 취하지 말고, 세상 정신으로 마음을 채우지 말고, 성령님의 감동을 채워 회개하면서 날마다 새로워져야 합니다. 그러기 위해 늘 "성령님 제 마음에 충만하십시오. 저는 성령님을 의지하고 순종하겠습니다." 간구하며 늘 살아가야 하겠습니다. 엡 5:17-18

성령 하나님이 우리에게 예수님을 믿게 했습니다. 우리는 성령님을 늘 간구해야 하겠습니다. 깨우치는 대로 더 깊이 회개하고 몸을 바쳐야 하겠습니다. 성령님의 능력을 간구하며 늘 예수님을 이웃에게 깨우쳐 주며 그들 가슴에 예수님을 심어가야 하겠습니다.

6.
자세 준비

한 인간

설교자의 자세는 중요합니다. 어느 면에서 설교 내용과 연계되어 자세가 나타납니다. 동시에 평상시 마음을 가다듬은 생활에서 나타나기도 합니다. 설교자는 무엇보다 내가 한 인간임을 늘 정직히 생각해야 합니다. 오직 하나님의 뜻에 근거함만을 근거로 삼아야 합니다. 더 나아가 하나님의 은혜 주심이 전부임을 기억해야 합니다. 하나님께서 연약한 인간인 설교자를 사용해서라도 은혜를 부으심을 기억해야 합니다. 그러기에 늘 하나님을 전폭적으로 의지하며 그 내용도 은혜에 근거해야 합니다. 버린 돌이 모퉁잇돌이 되게 하시는 은혜를 늘 사모해야 합니다. 무언가 할 일을 강조하며 각오를 갖게 할 내용도 있으나 그 모두를 받침해 주는 것은 오직 하나님의 은혜임을 기억해야 합니다. 내용 전체는 바로 모든 조건을 넘어서는 하나님의 은혜가 밑받침되어야 합니다.

지침

설교를 통해 하나님께 순종하려는 각오를 다지게 함이 중합니다. 이때 한 가지, 한 가지 구체화가 필요하기도 합니다. 그러나 깊은 순종은 자원하는 마음과 자기 결심을 하나님께 드리는 일이 필요하다고 생각됩니다. 큰 지침을 제시하되 구체적인 실행 계획은 본인이 하게 여유를 주는 것이 필요하리라 봅니다. 그러지 않으면 강압적인 생각을 하기 쉽고 피동화되기가 쉬울 것 같습니다.

한 걸음

설교자는 높은 목적을 희망하여 설교하게 됩니다. 그러나 따르는 성도들은 그렇지 않을 수 있습니다. 여기에 사랑의 인내와 섬김이 필요합니다. 그러므로 한 걸음의 정신이 중요한 것 같습니다. 오늘은 한 걸음만 앞으로 가며 내일은 또 한 걸음 앞으로 나가자고 다짐하는 것입니다. 그렇다고 과거를 생각하며 거기에 묶여 낙심하는 것이 아닙니다. 오직 하나님의 자비를 확신하며 전진하기만 하는 것입니다. 한 번에 완전을 조급하게 구하는 일을 조심해야 합니다. 한 번의 설교로 다 될 것 같은 생각을 겸손히 내려놓아야 합니다. 성경 본문을 이해하는 일에도 날로 날로 조금씩 더 깊어질 것을 기대해야 합니다. 하나님의 감동과 성령의 감화로 새로운 각도의 이해가 더해질 것을 기대해야 합니다. 하나님은 자기 자녀를 키워 가십니다. 그러한 경험은 누적될 것입니다. 이러한 것을 보면서 감사하고 희망하며 긍정적인 생각을 늘 해야 합니다.

영상 연구

다른 사람들의 설교를 관찰 연구할 필요도 있습니다. 귀한 모범이 되기 때문입니다. 타인에게 비쳐 봄으로 자기의 단점을 보게 되고 교정하며 보완할 수가 있습니다. 한국 설교자들의 설교를 분석 연구한 자료들도 있습니다. 존경하는 분들이지만 장단점을 객관적으로 지적하고 있습니다. 겸손한 마음으로 이를 참고하여 자기를 성장시켜 가야 합니다.

일반 자료

우리는 하나님의 세상에서 살아가고 있습니다. 세상 속에서 삶의 짐과 문제를 안고 삽니다. 그러기에 하나님의 뜻이 생활에 연계되어야 합니다. 이를 위해 세상의 사건들을 관찰 분석하여야 합니다. 이런 실례들을 잘 살펴 설명함으로 말씀이 우리의 생활에 연결되게 됩니다. 그러므로 끊임없이 세상 사건들을 살피며 정리해 두어야 합니다. 동시에 이런 사건들을 살필 때 너무 주관적인 생각에 매이지 않아야 합니다. 사건들은 여러 각도에서 조명해야 바르게 이해할 수 있기 때문입니다.

보완점

설교하는 일은 중요합니다. 온 정신과 생활과 사고를 동원해야 합니다. 그러다 보면 이에 집착하여 고착화하기 쉽습니다. 그 결과 설교의 조언을 듣는 일은 쉽지 않습니다. 보완점을 말해주거나 충고하는 일은 설교에 좌절을 불러온다고 경험담을 말하기도 합니다. 그러므로 스스로 자기를 부단히 보완해 나가는 일이 필요합니다. 사람은 결점이 있기 마련이기 때문입니다.

표정

표정은 대단히 중요합니다. 이 일은 영상을 보면서 세밀히 관찰하며 자기를 살펴보는 것이 좋습니다. 억압적인 표정은 강요를 느끼기 쉽습니다. 찌푸리는 표정은 괴로움이나 짜증을 전달하기 쉽습니다. 웃음으로 가득한 표정은 쉬이 보는 인상을 주기 쉽습니다. 겸손하게 섬기는 마음으로 행할 것입니다. 동시에 하나님의 뜻에 확고히 서서 진리를 선포할 것입니다. 언제나 하나님의 은혜에 발을 딛고 대해 같은 마음과 안정을 지니되 흔들림 없이 마음을 정리해야 합니다.

말하는 자세

말하는 자세도 잘 다듬어가야 합니다. 웅변식은 확실함을 주나 동시에 말의 무게만을 느끼게 되기 쉽습니다. 변호적인 자세는 자기 이로움에 치우치는 기분을 주기 쉽습니다. 그러므로 말씀 중에 자신을 변호하는 것은 내려놓고 하나님께 맡길 필요가 있습니다. 오직 하나님의 객관적인 뜻에 함께 집중할 것입니다.

조급성

설교 중에 중심을 잃기 쉽습니다. 이를 가지치기라 할 것입니다. 그러다 중심을 잃고 맙니다. 가지치기는 적절한 절제가 필요합니다. 중심 내용을 선명하게 드러내는 일에 집중함이 필요합니다.

방지일 목사님은 《목회자의 생활》이란 책에서 지침들을 제시하고 있습니다.

* 하나님 일에 내가 주체가 되면 그것은 벌써 하나님 일이 아니다.
* 예배는 하나님을 뵙는 일이다. 피를 통해 하나님을 만나는 일이다.
* 아브라함이 준비된 어린양을 보았듯이 예배의 초점을 피에 두어야 한다.
* 정성 다해 주일을 준비해야 한다. 피곤을 이기기 위해 잠을 자두는 일, 미리 세탁하기, 미리 필요한 물품 사두기, 기도 준비가 첫째다.
* 말씀 선포의 단은 존엄하다. 그러나 우상화되어서는 안 된다.
* 말씀대로 전달할 뿐 자기 기교로 사람 인기를 끌어서는 안 된다.
* 지나친 자유자재의 태도를 조심해야 한다.
* 대중을 상대할 때 무시하는 자세는 불가하다. 겸손한 태도여야 한다. 바지에 손 넣기, 가슴 내밀기, 웅변적 자세, 지나친 웃기고 울림, 제스처로 무대화 만드는 일을 조심해야 한다.
* 말씀에 쓰일 사람은 성별되어야 한다. 무슨 말씀을 주실 것인지 밀실에서 기다려야 된다.
* 잘못된 말씀을 전할까, 말씀을 흐리지 않을까 조심해야 한다.
* 설교자는 단에 있으면서 단 아래 있어야 한다. 자신이 말씀에 은혜를 받고 책망을 받아야 한다.
* 인기 있다 할 때 조심해야 한다. 그렇지 않으면 하나님의 영광을 사기하기 쉽다.
* 어머니가 아이들을 위해 요리하듯 목자는 양들을 고루 먹이기 위해 최선을 다해야 한다.

* 목회자의 제일 요건은 영을 사랑하는 심정이다.
* 성경은 기도와 병행해야 한다.
* 인성이 나를 조작, 더 거룩한 체하려고 해서는 안 된다. 자기 된 대로 나타나야 된다.
* 기도의 깊이에 의해 진리는 새 각도로 색출된다.

7.
경성 준비

드러냄

하나님의 뜻을 드러내는 것이 설교의 중심입니다. 그러나 나도 모르는 사이 인간 자신을 드러내는 데 끌리기가 쉽습니다. 쓰임 받아 하나님의 영광을 드러내야 하는 것이 사명인데도 그러지 못하기 쉽습니다. 심지어는 성경을 해석함도 자기를 중심하고 자기에게 근거를 둔 이해와 해석에 사로잡히기 쉽습니다. 진실히 하나님의 영광과 뜻을 근거와 목표로 삼아야 합니다.

이원론

성도는 하나님이 다스리는 세상 삶을 통한 보편성에 근거를 둘 필요가 있습니다. 세상을 도덕적 삶에 의한 거부적 정신을 갖기가 쉽습니다. 그러나 양심적인 삶의 요소는 하나님이 주신 보편적 요소가 됩니다. 그러나 그러한 삶의 내실성과 신실성은 귀한 요소일 것입니다. 우리가 보는 시각은 한 영역에 매이기 쉽습니다. 그러나 전체적 시각이 중요합니다. 가장 쉽게 범하는 것이 이분법적 사고입니다. 물론 이 세상은 하나님에게 저항하고 있습니다. 부패성이 흐르고 있습니다. 그러나 그 속에 사랑의 하나님이 계시며 자비를 베푸십니다. 하나님은 그런 속에서도 성도들이 하나님의 백성으로 살기를 원하십니다. 그러므로 이분법을 너무 강조하다 보면 도피적 정신과 소극적 자세가 굳어지기 쉽습니다. 이러한 점을 살피며 설교를 다듬어야 합니다. 그러므로 세속성을 바르게 분별하되 이 세상 속에서의 오늘의 삶을 이끌어야 합니다. 그런다고 비약만을 추구해서는 안 됩니다. 하나님의 초월성을 전적으로 신뢰하되 하나님의 내재성도 신뢰하며 이루어 가심을 확신하고 나아가야 할 것입니다.

표정

설교자의 자세와 표정은 설교 내용을 반영합니다. 더 나아가 설교자 자신을 표현하는 것입니다. 설교자가 긴장되어 무겁게 되면 성도들도 무거움을 느끼게 됩니다. 하나님을 신뢰하는 마음 중심을 가질 필요가 있습니다. 이때 우리 심령은 안식을 경험하게 됩니다. 하나님의 뜻에 집중하다 보면 강요가 나타나기 쉽습니다. 그래서 표정은 긴장되고 과하게 변하기 쉽습니다. 분명히 제시할 것을 말하되 진리에 더 냉정하게 대처함이 필요합니다. 이런 일은 더 신중해야 하는데 자기를 높여 상좌에 있게 하는 것입니다. 이것이 군림형입니다. 하나님의 위대하심과 높으심은 찬양할 일입니다. 그러나 그것을 선포하는 인간은 무릎을 꿇어야 할 것입니다. 하나님과 인간 자신을 동일화하는 자세는 신중해야 합니다.

자학

설교자가 자기를 자학하는 자세는 조심해야 합니다. 그래서 자신을 가벼이 하며 희화화하는 일은 하나님의 진리를 가볍게 하고 맙니다. 오직 하나님이 맡겨주신 사명과 섬기게 한 성도들을 가슴에 품어야 합니다. 전하는 내용은 하나님의 마음이요 하나님의 진리요 하나님의 뜻일 뿐임을 확신해야 합니다.

늘어놓음

설교자는 성경을 늘 연구하기 때문에 아는 내용이 많습니다. 그러나 이것을 나눌 때 성경을 통달한 것처럼 하는 자세도 시정해야 합니다. 자기가 다 깨달은 것이 아니라 오늘도 성령이 더 깊은 곳으로 이끌어감이 필요하다는 것을 새겨야 합니다. 잘못하면 자기의 지식 자랑으로 변질되기 쉽습니다. 더 나아가 신언을 나누는 일은 하나님의 백성들을 섬기기 위한 것으로 확고한 자세를 가져야 합니다. 동시에 섬김에 있어서 진실하며 겸손한 자세를 곁들여야 할 것입니다. 확신이 넘치다 보면 배려는 소홀해지기가 쉽습니다.

과정

설교자는 급한 마음을 먹기가 쉽습니다. 이번 한 번으로 모든 것을 완성하고자 하는 열심이 강하게 작용하기도 합니다. 그러나 한 번에 완성되는 일은 없을 것입니다. 일생을 헌신하며 지속적으로 변하며 살아가는 것이 우리의 삶입니다. 그러므로 내용을 광범위하게 할 것이 아니라 그중에 선택을 신중히 하여 정리함이 필요합니다. 항상 오늘 한 걸음만 전진하자고 생각하며 적극적으로 앞으로 나아갈 것입니다. 흔히 가버린 과거에 매이고 그것을 풀려고 시간을 다 버리기 쉽습니다. 그러나 앞이 중요합니다. 한 걸음 전진하며 또 한 걸음을 전진하게 해야 합니다. 우리의 성품도 그러합니다. 누구나 약점이 있습니다. 그것을 송두리째 한 시간에 변화시키려 합니다. 그렇지만 절차탁마의 교훈처럼 나아갈 것입니다. 사람의 약점에만 치중할 것이 아니라 선을 향한 열정도 한 걸음 전진할 것입니다.

한국 교회 목회자들의 설교를 분석한 정용섭 박사의 자료가 있습니다. 보완해야 할 점을 정리해 보았습니다

긍정적인 점
* 성도들을 편안하게 한다
* 실존적이며 주체적 인간론적 생존을 강조한다
* 궁극적인 관심을 강조한다
* 아픈 마음의 열정이 있다
* 자신을 겸허히 낮춤
* 문어체 지양 구어체 사용
* 깊은 설교와 대중성 가짐
* 영성의 실제적 누림
* 영적 깊이의 통찰력
* 설교자의 본문 소통
* 구음의 명확성, 말의 장단 고저가 명확함
* 복음 본질에 대한 열정
* 복음에 종속 변수로서 도덕 성결주의

* 영성 위한 기도 천착
* 성도의 영적 성장 추구
* 삶의 구체성 제시—대야와 수건
* 인격적 사역적 제자 훈련
* 칭의와 성화의 신앙 의식화
* 케리그마 복음으로 초지일관
* 사회 윤리적 책임 강조
* 인격 성숙의 영성
* 기도 영성—자기 비움이 아니라 그리스도의 영에 철저히 의존
* 삶에 대한 직관—누미노제
* 세상 향한 섬김
* 교훈 넘어 실천

보완할 점
* 과정 설명 없는 결론 강조
* 편파적 논리, 주관적 세계의식
* 남과 비교 속의 행복론
* 삶의 문제를 간단히 처리함, 교양 욕구를 채움 정도로 그쳐 무책임성 가짐
* 이야기의 과다는 영적 설교를 죽임
* 과잉 친절의 잔소리
* 본문의 해석 깊이 소홀
* 세상사의 대립의식
* 영적 새 지평 제시 필요

* 가벼운 비아냥거림
* 신앙 승리주의 매몰
* 특수를 일반화함
* 실패한 자에게 열패감을 줌
* 개인화에 치우쳐 우주화 부족
* 연속 설교로 교회력 상실
* 예화가 성경을 압도함
* 역사적 사실과 함께 현재적 의미 이해해야
* 청중 감성에 치중, 외적 요소 의존하여 말씀 깊이 부족
* 청중 요구에 급히 밀착해 버림으로 성경 기자의 영성 미흡
* 신학적 원경험 추구로 로고스 경험 필요
* 설교의 대중성에 몰입 독단론에 빠짐
* 삶의 세계로 나아가지 않고 도그마와 규범 매임
* 복 일변도
* 자극적 선정적 변화 치중
* 예표주의 치중
* 성경 세계로가 아닌 자기 장기에 빠짐
* 성경 해석의 비논리적 비약, 성경 이해를 위해 시간 여행 필요
* 피로감 극복을 위한 다중적 영성 개발 필요
* 영성의 개인화에 치우침
* 훈련 치우침 그러나 훈련 넘어 은혜
* 신학적 사유 필요—초월과 일상
* 성경 해석의 영적 단계 일원화 해석 조심
* 주관적 알레고리—성경의 역사적 이해 필요

* 사회 문제에 대한 전문지식 선에 신중해야
* 지나친 천박이나 엄숙 지양해야
* 민중 영혼 마비도 민중 신경 과민도 지양, 칭의론으로 해체 필요
* 성경의 복합적 이해 필요—창조와 심판
* 역사 해석의 편협성
* 폭넓은 역사 시각 부족
* 내적 권위에 호소 낮은 자세의 호소—고압적 선포 지양

8.
진행 준비

단상 오름

한 설교자의 글에 자기는 단상에 오르면서도 계속 성령님의 일하심을 간구한다고 적혀 있는 것을 보았습니다. 그렇습니다. 우리가 사람을 어떻게 움직일 수 있으며 하나님의 뜻대로 따르게 할 수 있겠습니까? 그러므로 단상에 오르면서도 오직 간구할 뿐입니다. 지혜의 말이 아니라 하나님이 주시는 감동의 말씀을 사모해야 할 것입니다.

더 나아가 청중이 많든 적든 이 시간 설교를 통해 하나님이 영광 받기만을 갈구해야 합니다. 인간에 쏠리는 정신이 되기가 쉽기 때문입니다. 하나님의 기쁨과 하나님의 원하심이 이루어지는 것만이 우리의 목적이 되어야 합니다.

더 나아가 성도들의 삶의 짐을 짊어지고 올라야 하겠습니다. 성도들은 다양한 문제와 마음을 가지고 하나님을 바라보고 있습니다.

그러므로 성도들의 지금 지상의 현실 속의 삶과 연결하는 하나님의 약속과 일하심을 나누려는 것뿐입니다.

재독

설교 실시 전에 다시 정리된 원고를 투시해 봅니다. 이렇게 하면 흐트러짐을 방지할 수 있습니다. 가장 중요한 단어나 사건에 표시를 해 두어 한순간에 일괄적으로 보는 것입니다. 이렇게 하기 위해 원고 위에 최종적으로 색연필로 강조점을 표시해 둠이 필요합니다.

진행

설교 시 제목을 먼저 말씀해 주는 것이 좋은 것 같습니다. 그러면 성도들이 초점을 맞추기가 쉬워지리라 생각됩니다. '이 시간은 이런 제목으로 하나님의 말씀을 나누려고 합니다'라고 말한 후 '하나님께서 은혜 주시기를 바랍니다'라고 정리합니다.

다음은 서론을 말합니다. 서론에 도입 부분이라는 생각으로 가볍게 이야기하기 쉽습니다. 생활 주변의 사건이나 성경 배경을 이야기하기도 합니다. 그러나 성도들이 가장 기다리는 시간이 서론이라 생각됩니다. 그러므로 서론에 가장 핵심적인 내용을 문장식으로 정리하여 간단하게 말함이 오히려 효과 있으리라 생각됩니다. 그런 후에 오늘 본문의 핵심을 제시하여 성경으로 돌아갑니다.

대지 진행

대지 설명은 여러 각도에서 말할 수 있습니다. 그러나 본문 내용을 연결하며 깊은 곳을 드러내는 것이 중요합니다. 예를 들어 부모

공경이란 설교 시에 이유는 은혜 때문이요, 방법은 수용함이요, 시기는 지금임을 강조할 수 있습니다.

대지 진행 시 근거 되는 성구를 제시할 수 있습니다. 제시할 때는 먼저 그 성구의 핵심을 간단히 짚어주고 함께 합독하면 이해가 쉽고 기억에 도움이 됩니다.

진행 시에 마음속으로 화살을 그립니다. 화살이 과녁을 향해 곧게 직선으로 나감을 생각해 보았으면 합니다. 너무 많은 가지치기로 곧게 나감이 어려울 때가 있습니다. 화살처럼 분명하게, 그러나 목적지를 꿰뚫게 진행합니다.

변호

설교 내용에서 변명식의 정신을 온전히 버려야 합니다. 그래서 자기 변호적으로 자기 과실의 덮음 등을 버리고 오직 본문에서 하나님의 깊은 마음만을 드러내도록 노력해야 합니다.

속도

진행한 속도는 교직을 생각해야 합니다. 베를 짤 때 씨줄과 날줄이 교직하는 것을 생각하며 성도들이 자기 생각을 끼우며 설교자가 말씀을 곁들이기에 적당한 시간을 안배하며 나아감이 필요합니다. 빠른 말이라고 좋은 것만이 아니고 느린 말이라고 생각에 도움이 되는 것만도 아닙니다.

실례

설교 시에 삶의 현장의 일들이 필요합니다. 그러나 경험이란 다종

다양하기에 한 가지로 속단함은 조심해야 합니다. 하나님은 낮과 밤을 주관하시는 분입니다. 그렇다고 간증적인 사건들을 도외시하면 설교가 삶에 연계됨이 어렵습니다. 평상시 진실하게 감동을 주는 삶들을 모아서 적재적소에 사용해야 합니다.

결단

하나님의 뜻을 이해했고 은혜를 되새겼으니 이제 결단해야 합니다. 이때 너무 직선적인 제시는 조심해야 할 것 같습니다. 그러면 성도들의 자원하는 심정보다는 끌려가는 수동형이 되기 쉽습니다. 큰 지침을 주고 본인이 자원하여 구체적 실행을 감사함으로 하게 함이 좋을 것입니다.

기도

이제 결단의 기도를 올리게 됩니다. 여기서 꼭 주의할 것은 설교의 내용을 반복하는 것을 삼가야 합니다. 이제는 주권자 하나님의 은혜를 간절히 구하는 시간이기 때문입니다. 그러므로 간구하는 내용으로 기도할 것입니다. 이때 간구하는 것이기에 낮은 음성으로 간절함을 표하면 됩니다. 큰 소리는 하나님께 명령하는 기분이 들기 쉽습니다.

9.
독서 준비

* 독서의 필요는 자기 사고를 보완 성장시키는 데 필요합니다.

* 독서는 세상 속의 사람의 현장과 하나님의 뜻을 연결하는 데 도구가 됩니다.

* 독서 중에 중요한 핵심 단어를 적어 정리하면 내용을 정확히 이해하기 쉽습니다.

* 독서 사고—창조자는 우리에게 형상을 주었습니다. 그 내면적 요소는 확장되는 요소입니다. 사고를 더 심화하고 확장하고 정리하면서 살아가는 것입니다. 여기에 독서의 선물이 귀한 보물입니다.

* 독서로 준비하는 일은 부단히 해야 할 일입니다. 이유는 실제 삶의 근거를 제시할 수 있기 때문입니다. 성도들의 실제 삶에 연결할 수 있는 다리가 되기 때문입니다. 독서는 노력이 필요합니다. 우선 매일 적은 분량이라도 독서를 쉬지 말고 하는 것입니다. 이유는 사고를 심화하기 위함입니다. 다양한 생각과 실제적인 생각과 더 넓은 생각을 가다듬을 수 있기 때문입니다. 책상 앞에 앉으면 제일 우

선적으로 독서를 하는 습관을 기르는 것이 중요합니다. 독서 중에 필요한 단어와 중심 내용을 메모하여 활용할 수 있게 하는 것이 중요합니다.

　* 예화집을 꾸준히 정리해 나가야 합니다. 독서가 힘들어질 경우가 많습니다. 그러면 자기 기분과 처지를 고려하여 다종의 도서를 옆에 두고 골라서 읽는 것입니다. 그러면 정신 전환을 하는 데 도움이 됩니다.

　* 아래 몇 종류의 도서 내용을 적어 봅니다

도서: 《교회와 사회》 본회퍼

　* 본회퍼 목사는 제베르크의 영향을 받았으며 형이상학을 거부하고 교회로서 실존하는 그리스도를 강조한다. 교회는 인격 공동체임을 주장한다. 인격 중심에는 책임이 있다.

　* 그리스도와의 화해가 화해의 근거이다. 이 일의 근거는 아담 안에서 타락했으나 그리스도 안에서 하나님과 사귐을 갖게 됨을 의미한다.

　* 성령은 온전한 사랑으로서 순종하는 온전한 의지를 주신다. 나와 너의 관계는 나와 하나님과의 반사이다. 인간의 전 정신은 사회성 속에 말려들어 있다. 집단 인격 역시 개별 인격처럼 윤리적 부름을 듣는다. 성령은 사랑을 부어 통일하게 한다.

　* 계시는 집단 인격을 통해 제3의 가능성을 가진다. 계시는 인격들의 사귐 속에 계신다. 그리스도는 교회로서 실존한다. 바르트의

초월적 하나님을 지양하고 공동체의 현존을 강조한다.

* 새로운 자아와 옛 자아의 연속성을 가진다. 성도는 그리스도 안에 있는 존재이다. 교회는 인간 현존이 이해되는 장으로서 교회다. 인격적 공동체 안에서만 복음은 선포되고 믿어진다.

* 성도는 되어짐의 존재로서 행동을 경험한다. 히틀러 투쟁 시기에 제자의 길을 가는 성도는 적다. 바르트의 객관적 초월주의와 불트만의 주관적 초월주의를 지양한다. 예수님의 구체적 순종을 해석학적 원리로 삼는다. 주님은 자기 모습을 우리 안에서 형성하신다. 칭의는 순종과 구별되나 통일된다. 그러므로 신앙과 순종 이신칭의와 성화 선물과 과제의 연결이 필요하다.

* 그리스도와 세상 관계는 타자를 위한 존재로 된다. 교회와 세상의 경계선은 사라진다. 바르트의 고백교회는 신앙 뒤에 숨게 한다고 비판했다. 값비싼 은총을 전제한 순종이 세상을 향해 수행되어야 한다.

* 산상 수훈은 세상과 질적으로 다름을 말한다. 심령의 가난은 예수님만 소유함이요, 온유한 자는 모든 권한을 포기함이요, 의의 추구는 하나님 뜻의 완전 실현을 갈구함이요, 자비는 불가항력적 사랑이요, 청결은 주님 계획에 마음으로 순복함이요, 화평은 평화를 만드는 것이다.

* 윤리에 있어서는 기독교 윤리는 성육신과 십자가와 부활에 근거한 윤리다. 성육신은 주님이 우리 속에 자신을 형성함이요, 배타성을 지양하는 그리스도 주권의 포괄성을 의미한다. 성도는 위탁된 명령으로 가정, 노동, 교회, 국가에 사명을 가지며 세상 현실을 떠나서는 결코 크리스천이 될 수 없다. 하나님을 세상 없이 보지 말고 세상

을 하나님 없이 보지 말라.

 * 완전주의 교회관은 거부된다. 교회에서 해방된 사회 참여는 지양되어야 한다. 주님은 궁극적인 것에 속하지만 이 세상의 비궁극적인 것을 긍정하는 근거가 된다. 교회와 가정과 노동과 정부는 각자에게 주어진 위탁 명령이 있으며 자기 절대화는 불가하다. 타자 영역을 침범함도 불가하다. 연결과 협조로 하나님의 뜻을 효과 있게 수행해야 한다.

 * 교회의 위탁 명령은 선교와 훈련이다. 개신교는 훈련을 소홀히 하여 구체화가 미비하다. 가톨릭은 설교가 소홀하여 도덕이 명제적이다. 계시 실증주의를 추구할 것이니 말씀을 옳게 설교하고, 성례전을 옳게 베풀고, 교회 생활을 옳게 영위함으로 그리스도의 현존을 온전히 드러내야 한다. 하나님은 무시간적 운명이 아니라 우리 기도에 책임적 행동에 대하여 기다리며 응답하신다. '세상성'이란 삶의 의무들과 문제들, 성공과 실패들, 경험과 고뇌들 속에 거침없이 살아가는 것을 의미한다.

도서: 《섭리의 신비》 존 프레벨

 * 성도 위한 섭리 역사—다니엘 친구들이 불에서의 구원, 홍해의 도강 사건, 하만의 저주받은 모략, 요셉의 형들의 시기 등 이러한 자연의 감추어진 원인을 어떤 탓으로 돌릴 것인가, 성도들을 보호하는 보이지 않는 손의 증거다.

 * 섭리의 역사적 증거들로서 어거스틴은 안내자가 잘못되게 인도했던 도나투스주의자들에게서 구원받았다. 라반과 에서의 손에서

야곱을 지키시는 하나님 섭리, 프랑스의 찰스 9세는 개신교도들을 위한 피의 운하를 파리에 만들었다. 얼마 후 온몸에 피를 흘리며 죽었고, 황제 막시미누스는 기독교를 완전히 없이 하라는 그의 주장을 놋쇠에 새겼으나 헤롯처럼 급히 죽었다.

* 다윗을 죽이려는 사울에게 블레셋 침략 소식이 전해지는 일, 아브라함이 자식을 드리려는 순간 희생 제물을 보여주시는 일, 랍사게가 예루살렘을 정복하려고 소리칠 때 그 계획이 좌절되는 일 등 수많은 일들이 그들의 기도 응답이었다.

* 회개시키는 일—회개는 성도가 섭리의 손으로부터 받은바 가장 놀라운 이익이다. 깊고 달콤한 벧엘이여, 구스 내시, 나아만 장군, 사마리아 여인, 어거스틴, 빌립보 감옥 간수, 오네시모를 보라! 하나님이 주님께로 사람을 인도하는 섭리를 무심히 여기지 말라.

* 고난 중에도 성령의 역사로 버티어 내게 한다. 하나님의 시기에 적절한 자비는 그 나름의 섭리에 의해 인도된다. 하나님의 자비의 길에 서게 하신 섭리를 주의하라.

* 직업과 땅 위의 일터는 인간의 열심만으로가 아닌 하나님의 축복으로 성공한다는 사실을 항상 기억하라. 재물 얻을 힘을 하나님이 주신다. 욥기 1:10을 보면 모든 소유물을 산울로 두르신다고 했다. 섭리가 베풀어준 일터에 만족하라.

* 친척들을 목적지에 이르기까지 사귀고 동행하고 서로 배우고 달콤하게 하라. 죽음으로 이 모든 의무에서 벗어나게 된다. 욥은 장막 축복을 기억한다.

* 악에서 보존하는 일—하나님은 풍만의 악영향을 아신다. 섭리는 최상의 이익을 위해 조정하신다. 우리의 욕심이 우리를 근심케

하며 찌르게 하신다. 섭리가 나누어준 몫에 대해 털끝만큼도 불만을 나타내지 말라. 나의 기업이 실로 아름답다고 고백하라. 섭리의 보살핌과 보호, 때때로 성도를 죽음으로 시험의 길에서 옮기신다. 강한 시련에 일어나지 못할 것을 아시기 때문이다.

* 거룩하게 하는 일—거룩하게 다듬기 위해 성령은 내부적으로 영향을 주며 섭리는 외부적으로 영향을 준다. 중생한 사람들 속에도 죄에 끌리는 강한 경향성이 있고 그들 속에 죄의 능력이 원리적으로 깔려 있다.

바울은 '내 지체 속의 다른 법이 죄의 법 아래로 사로잡아 온다'고 고백한다. 성령은 내적으로 마음을 저지하고 섭리는 <u>많은 거치는 돌을 둔다</u>. 바실은 육체의 고통을 간구하여 치유되었으나 얼마 안 있어 육의 욕망에 사로잡힌다. 그래서 다시 고통을 달라고 기도했다.

* 부패를 십자가에 못 박기 위해 섭리는 불경건한 사람으로부터 절제의 고삐를 풀어 때때로 그들로 하여금 하나님의 종들을 비난하게 허락한다. 시므이가 다윗을, 고린도 교회가 바울을 비난하게 한다.

* 부패는 선한 사람들 속에 형이하학적인 것에 집착하고 거기서 떠나기 싫어하는 그것으로 그의 힘을 나타낸다. 향락과의 깊은 관계와 즐거운 경험들에서 생긴다. 하나님은 이러한 위로를 죽이신다. 즐거운 일을 죽게 한다. 자상한 섭리는 귀하게 여기심의 증거다.

* 명심할 의무—하나님은 행하신 자비나 심판에 대해 아주 신중하게 회상하게 하셨다.

예레미야 7:12 실로에 보내어 하나님이 행하신 일을 보게 하라.

미가서 6:5 싯딤에서부터 길갈까지 일을 추억하라고 하신다.

* 섭리의 역사를 관찰하는 의무를 다하지 않으면 어떠한 섭리에 대해서도 하나님께 찬미를 돌리지 못할 것이다. 섭리를 묵상함으로 우리 삶은 달콤하게 되며 우리 짐을 가볍게 해줄 것이다.

* 하나님이 자비로 때에 맞추심을 보라. 특별 관심과 배려를 보라. 낯선 자에게서 더 나아가 원수의 손에서도 온다. 기도는 섭리를 존중하고 섭리는 기도를 존중한다. 섭리와 진리를 분명히 보는 자는 성경 진리를 확고히 믿게 된다.

* 하나님은 모든 것의 주인이요, 명령자라는 것을 알게 되리라. 자비를 나누어 주시는 하나님의 지혜를 보라. 새롭게 다음을 위한 위로들을 보라. 모든 고통 앞에 하나님의 은혜와 선을 앞세우라 환난 가운데서 하나님의 지혜를 보라. 그중에서 하나님의 성실과 주시는 만족과 불변성을 보라. 영원한 것에 마음을 두도록 연단하라.

* 현세에서 주신 많은 자비와 주신 소유를 만족하라. 자비가 지연됨에 낙심 말라. 세심하게 섭리를 관찰하는 것은 주 앞에서 마음을 녹이고 복종시킨다. 위험 속에서도 평안을 얻게 한다.

* 섭리는 우리가 죄를 범하는 것을 막아준다. 죄에 빠졌을 때 우리의 죄를 정하게 한다. 섭리는 영혼을 거룩하게 하고 충격을 주어 하나님과 많은 교통하는 기회를 준다. 더 나아가 섭리의 관찰은 달콤한 죽음에 이르게 한다.

* 섭리의 실제 문제—섭리는 말씀과 함께 협력하여 우리가 나아가는 길에서 우리에게 어떤 용기를 준다. 바울은 체포될 것을 알지만 예루살렘으로 간다. 더 나아가 어떤 도덕적인 악을 합법화하거나 정당화할 수는 없다. 진심을 가지고 말씀을 깊이 연구하며 아는 의

무를 실행하고 갈길을 지시해 달라고 기도하고 그 후는 <u>말씀과 일치하는 만큼까지만</u> 섭리를 따르라.

* 자비를 기다리는 재미를 느껴라. 얼마나 많은 약속이 있는가? 고통을 주는 섭리는 성화시키는 확실한 증표이니 마음의 죄를 깨끗이 하고 순결하게 하고 평화롭게 극기하게 겸손하게 하며 <u>허영을 깨끗이 한다.</u> 마음이 교만해지거나 번영으로 안전이 확보되는 때 섭리의 변화가 일어난다. 고통에는 위로도 찾아온다.

도서: 《그리스도인의 영성훈련》 김경재

* 청빈과 정결—<u>본질적인 것과 주변적인 것</u>을 구분해야 한다. 진정한 청빈은 정신적 소유에 집착하지 않고 늘 마음을 맑게 하여 순종하는 것이다. 우상과 세상에서 자유해야 한다. 성도의 일차적 관심은 항상 자신의 영혼이 세상의 모든 것들로 인해 갇히지 않도록, 무거워지지 않도록, 어두워지지 않고 둔해지지 않도록 지켜가야 한다. <u>말씀의 빛을 향해 늘 열려 있어야 한다.</u> 생활과 주변의 정결도 힘써야 한다.

* 물질과 노동—물질은 인간에 맞서 있는 지워 버릴 수 없는 엄숙한 실재로서 나를 확인시켜주며 인간과 함께 협동한다. 일하는 자만이 참실재에 부딪힌다. 육체 노동은 하나님의 손으로 지으신 피조물과의 만남이다. 물질과의 만남은 하나님의 피부와의 만남이다.

* 노동은 인간 생명의 생존을 위한 필수 불가결의 기초 조건이며 인간의 자기실현의 창조적 과정이며 인간 공동체의 연대감을 형성하는 힘이다. 노동은 우리를 정화시키며 하나님의 임재를 체험하고

휴식과 안식의 참맛을 알게 한다. 하나님의 창조 행위의 동참이요, 협동이다.

　* 진리와 순종—진리 편에 서는 것이 하나님 일을 하는 것이다. 그리스도인의 삶은 순종과 순명의 삶이다.

　* 교회와 하나님의 불가시성—하나님은 형상을 거부하셨다. 우리가 하나님을 피해 살 수 있는 곳은 없다. 인간은 하나님의 은총 속에 온전한 삶을 살아드리는 것이다. 사람의 몸은 성령의 전이니 예배 전에 마음속의 제단이 세워져야 한다. 기독교의 원죄론은 심각해도 하나님의 선한 창조적 긍정을 넘어설 수는 없다

　* 인간 영성은 다차원적 존재로서 자신을 둘러싸고 있는 자연 사회 동료 신과의 교통과 만남 속에서 창출해 내는 전인적인 생명 약동이다. 우리는 예수 그리스도의 인간 존재 양식에서 가장 온전한 영성적 인간의 모습을 본다.

　* 한국 교회는 영육의 이원론을 극복하고 개체와 전체의 이분법적 발상과 형식과 본질의 분리, 하나님과 인간의 분리를 극복해야 한다.

　* 한국 교회의 영성훈련은 기도와 정관이니 엘리야의 세미한 음성을 듣는 귀가 필요하며 고난의 현실과 사회를 생각하며 소망으로 극복해가야 하며 삶과 죽음의 문제에 있어서 생사의 고정관념에서 자유하며 진리 안에서, 하나님 안에서, 그리스도 안에서, 지금 이곳에서부터 영원한 불사의 삶을 시작하는 영성훈련을 지향해야 한다.

10.
교훈 준비

* 교훈은 생활의 산 체험입니다.
* 간단 명료성을 가지면 좋습니다.
* 교훈 후에 다시 강조점을 설명할 수 있습니다.
* 교훈을 주제별로 정리하면 사용에 편리합니다.

사회 교훈

* 역사—신인 교직/선덕여왕 홀로서기, 김춘추, 김유신 세움—1953년 소득 67달러—이순신 울돌목 전투 12척으로 300척 승리

* 전쟁사—이라크 2003년 3년간 4천 명 사망/ 2001 빈라덴 9·11-아프카니스탄 전쟁 5천/ 2003, 체첸 아동 300/ 1937년 중일 난징 30만/ 스탈린 1천만/ 1966-76년 문화혁명 10년/ 1975 베트남 20년 100만/ 1975 캄보디아 공산정권 200만

* 1884 갑신정변. 김옥균, 서재필 입헌군주—민 씨 청나라 요청/ 1894 갑오개혁 단발령, 을미사변 좌절/ 1907 일본차관 갚기/ 1960경

제개발/ 1977 의료보험/ 1988 연금법/ 1980 과학기술원

　* 오로기니스―상업적 경제, 소명적 경제

　* 쇼펜하우어―우파니샤드 연구―염세주의―인생을 지배하는 것은 맹목적 생존의지다.

　* 슈바이처―문화의 본질은 윤리다―모든 생명에 대한 책임감의 체험만이 보편적 윤리다―희생한다는 생각 없이 생의 완성을 찾는 자는 그의 그늘에서 얼마나 많은 생명이 고침을 받는지 모른다.

　* 칸트―내 자유는 타인의 자유에 의해 제한받는다.

　* 인간―프랭클―창조 가치, 체험 가치, 태도 가치

　* 프롬―존재 지향 소유 지향

　* 함석헌―나라를 잃으면 밥이 적어 불행이 아니라 맘에 없는 불의와 거짓을 해야 한다는 점이 불행

　* 니버―자유의 창조성과 파괴성

　* 간디 대죄―원칙 없는 정치/ 도덕 없는 상업/ 노동 없는 부/ 인격 없는 교육/ 인간성 없는 과학/ 양심 없는 쾌락/ 희생 없는 신앙

　* 공산사회는 자기 시정을 하지 못한다.

　* 아가페로 에로스를 훈련하라.

　* 아인슈타인―과학 없는 종교는 맹목, 종교 없는 과학은 불구

　* 김형석―치유할 사회 질환은 가치관의 결여

　* 니버―집단 이기주의와 이성 왜곡/ 경제적 극대화와 불의의 유혹/ 자유의 창조성과 파괴성

　* 니버―역사―영원한 것을 소진시키지도, 성취시키지도 못한다.

　* 니버―도덕적 태만도 성취도 무의식적 죄가 있다.

　* 스마일즈―국력은 국민 인격/ 유년 시절 새겨진 것 나무껍질 글자

* 신앙—현대인에게 복음이 필요한 이유는 관계에서 소외됨. 내면의 죄성으로 인한 갈등, 의미의 결핍, 낮은 자존감에 의한 불안. 미래의 불확실성
* 죄—죄는 먼저 양심에서 그 값을 치른다.
* 사회—건강한 세계관은 선지자적 비관론과 하나님 사랑에 의한 낙관론
* 역사—구속사 무대요 사탄의 활동장
* 니버—역사는 드라마다
* 니버—사회—성숙한 종교는 원죄의 현실성을 인식하는 것
* 사회—슈바이처—정신 지배가 잘못되고 빗나갈 때 물질문명은 모래 위의 집이 됨
* 인격—야스퍼스—수단 가치가 목적 가치로 전도된다.
* 지도력—작은 성공 실행/ 토의 지속/ 개인 보살핌/ 교육 공유/ 과거 축하/ 자신감과 겸손/ 승리 간증 나눔
* 사회—사회 울음소리를 듣고 남의 죄까지 애통하라.
* 교회—타협 않고 협력, 이원론에 빠지지 않고 비판하는 법을 배움
* 역사—역사는 자유와 필연이 양립한다.
* 김형석—종교적 신앙은 도덕적 가치를 겸하고 도덕성은 객관적 가치를 가져야 한다.
* 김형석—인도인의 무시간성 기독교의 인격신의 유시간
* 김형석—기독교가 치유할 지독한 사회 질병은 가치관의 질환이다.
* 남궁억—무궁화 금지—삼천리 반도 금수강산
* 니버—사랑이 정의 위에 더해지지 않으면 정의 없는 단순한 질서가 된다.

* 니버—의에 대한 인간 감각은 민주주의 가능케, 인간의 불의한 성향은 민주주의를 필연적인 것으로 만듦.
* 니체—자기 자신이 자기 충족성 가짐—자기 자신을 법칙화함—자기 자신의 최고권을 가진다.
* 링컨—나는 자비가 엄격한 정의보다 풍성한 결과를 낳는다고 믿는다—전후에 누구에게나 악의를 품지 맙시다.
* 만델라—억압자도 피억압자도 해방되어야

고난 교훈
* 크로스비—하나님은 실수하지 않으신다.
* 헬렌 켈러—태양을 바라보고 살라. 그림자가 보이지 않으리라.
* 모순—발전적 원동력
* 시련 시에 하나님은 자기 발에 알맞은 신발을 주신다.
* 삶 속의 하나님 지문
* 손양원—고중 진리
* 시련—고뇌는 응고를 막아준다—프랭클
* 루터—환난이 없었다면 나는 성경을 이해하지 못했을 것이다.

영성 교훈
* 카이퍼—이교사상은 피조물 속에서 신을 찾고, 이슬람교는 피조물로부터 신을 고립시키고, 로마 사상은 피조물과 신 사이에 중간적 동반 관계를 만들고, 기독교는 모든 만물 위의 하나님이 성령을 통해 피조물과 동반관계를 유지함을 가르친다.—인내—참인내는 신비다. 인내를 시작한 사람만이 그것을 알 수 있다.

* 달라스 윌라드—구약은 하나님의 구체성/ 가장 깊은 감정까지 갖고 나가라/ 기쁨이 만사를 관통/ 평범이 하나님을 담는 그릇—하나님의 임재와 실재가 눈에 보일 듯 뚜렷한 생애/습관적 감정은 사고의 주된 특성

* 위치만 니—자기감정이 하나님 감정을 대변할 수 있는 경지까지 가라/ 정신능력을 다 소비하면 하나님에 관한 일에 사용할 정신 능력은 있을 수 없다.

* 웨슬리—하나님 외에 두려움 없고, 죄밖에 부끄러움이 없고, 십자가 외에 자랑할 것이 없는 100명만 주시면 세계를 변화시킬 것이다.

* 유영모—단색 단식으로 몸을 설치지 않게 만들라.

* 잡스—물질은 되찾을 수 있으나 삶은 되찾을 수 없다.

* 저드슨—신학교 시절 건초더미 기도회—옆방 친구 죽음에 도전—버마 선교사—간첩 오인, 감옥 시련

* 존즈—논증 변증보다 적극적 진리를 전하라

* 철학—운명론—물활론—428이데아—2-8세기 스콜라—1270 둔스 스코투스 의지가 지성 우위—1214 베이컨 중세철학 종말—1469 마키아벨리 정치만능주의—1632 존 로크 경험주의—칸트 선천적 이성—1770 헤겔 세계정신—1819 쇼펜하우어 주관적 관념—1844 니체 초인—1813 키르케고르 죽음에 이르는 병—1818 칼 막스 휴머니즘—1907 제임스 실용주의

* 최봉석—33세 세례—매서인—만주 선교—5리에 집 한 채—올챙이 식사—14년간 28교회

* 백홍준—로스 성경 번역—과학만 배우기로—2년 후 입신—의주 개척 33명 압록강 세례

* 방지일— 모든 일을 하나님께 묻고 지시를 기다리라.
* 방지일—기도의 깊이에 따라 진리가 새 각도로 색출된다.
* 버나드—자신 위해 하나님 사랑, 하나님 위해 자신 사랑
* 본회퍼—성육신의 현실화—성화, 칭의 관점에서 신앙은 순종과 엄격히 구별해야 하나 양자의 통일성을 늘 염두에 두어야 한다.
* 무디—나는 바닥나지 않는 금고를 가지고 있다. 하나님의 약속인 성경이다.
* 윌라드—구약은 하나님의 구체성
* 칼빈—성령의 내적 증거
* 케노시스—자신을 타인의 기쁨으로 내려놓아야
* 할레스비—기도 습득의 조건은 실행과 인내
* 임현수—캐나다. 3천 교인—매너리즘—북한 감옥 소생
* 이재하—터키 선교—너 하나님 없이도 잘 하는구나
* 나우엔—하나님은 석수
* 감사는 삶 전체를 끌어안는 것
* 교회—본회퍼—성도는 아담 안에 그리스도 안에
* 은혜—풀무가 바람을 일으킨다고 풀무를 공기 원인으로 생각하지 말라
* 본회퍼—인간은 선 속에서 악 때문에, 악 속에서 선 때문에 괴로워 한다.
* 무에서 출발하면 모든 것이 감사
* 방지일—기도 없는 말씀은 냉각병에, 말씀 없는 기도는 광신병에 걸림
* 이세종—이공(工)

* 정죄는 비수 정죄의 순환성
* 서서평—한 달 500명 여성 만남, 10명만 이름 가짐
* 맥아더—정직한 패배에 굽히지 않고 승리에는 겸손하라.
* 정필도—충성 때 알아주는 시험에 들지 말라. 은혜받았을 때 교만하지 말라.
* 의미—루이스—인간은 자연적 행복으로 채울 수 없는 갈망이 있다.
* 영성—하나님께 근거하지 않는 현실이 없고 하나님을 한정하는 현실도 없다.
* 인격—인격은 중요한 순간에 드러나지만, 인격이 형성되는 때는 평범한 순간이다.
* 정서—일상의 소박함에서 많은 감사 발견—누구 앞에서나 똑같이 겸손—순간 감정에 흔들리지 않음
* 지도자—리더십의 본질은 하나님으로부터 진리를 받는 능력이다.
* 지도자—능률의 극대화는 윤리의 극대화가 필요하다.
* 김정준—신원감, 신근감, 긴장을 가지라
* 김준곤—전도는 최고의 애국운동—세상인은 자기 배터리만 갖고산다.
* 김익두—과거 낙방—폭력배—성경 1년 100독, 40일 금식—150교회 개척
* 나우웬—우리의 상처가 타인 치유의 원천이 된다.

관계 교훈

* 카네기—자수성가한 자는 없다.

* 부버—나 너, 나 그것—인격과 인격의 생명적 관계—관계 지식과 객체지식

* 빌리 그레이엄—리더십의 힘은 극소수에게 결정적 손길이 될 수 있다.

* 미우라 아야꼬—칭찬은 나쁘지 않지만 무서운 것, 자만심이 들어가기 때문

* 석가—오온화합설—다섯 요소 복합, 어느 하나라고 하지 못함—결국무아

* 본회퍼—의존적이 되지 않게 격려하고 이상화하지 않으며 본보기를 삼게

* 남의 반응이 사랑의 척도가 되지 않게 하소서

* 빛나도 남을 부시게 말라

* 철차는 순리 첩경

* 평범한 인간이란 없다.

* 교학 상장

* 맹자 사단—측은지심 인/ 수오지심 의/ 사양지심 예/ 시비지심 지

* 빌리 그레이엄—조언 구하기

* 강점으로 남의 단점 드러내지 말고 서투름으로 남 시기 말라.

* 나우웬—타인은 나의 편견을 깬다.

* 김상복—말 한마디를 하는 것은 종자를 뿌리는 것

* 나우웬—하나님이 줄 수 있는 것을 사람에게 구할 때 고통을 맛보게 된다.

* 뉴톤—참 많이 용서받았지만 참 적게 사랑했습니다.

* 본회퍼—교제를 통해서만 옳게 홀로 있음을 배울 수 있다.

* 쉬프링거—만남은 순간적 은총이나 그것을 위한 기나긴 예비가 필요하다.

* 스티브 잡스—내가 쌓은 부는 가지고 갈 수 없으나 내가 가지고 갈 수 있는 것은 사랑의 추억뿐이다.

* 지미 카터—고통을 감추고 왔지만 아버지가 내민 손을 잡고 싶은 갈망이 있네. 내 미래를 위해 만든 아버지가 만든 규율을 무시했지만 이제 깨닫게 되었네. 나를 벌주면서 아버지가 느꼈을 아픔을—나 자신이 아들을 갖게 된 후 과거의 분노를 밀쳐낼 수 있었네.

* 한순간 한마디라도 타자의 자기실현을 도와주라.

* 관계—나의 이웃은 내 삶의 일부를 이루어 주었던 모든 사람들이다.

* 관계—사람은 일면적이다. 그래서 협동이 필요하다.

* 관계—쉐퍼—화목을 미루지 말고 완전을 현재에 구하지 말라.

묵행 교훈

* 칸트—80세 별세 평온을 잃은 적이 한 번도 없었다.—종합 관념론—경험론과 합리론—구성설—실천이성이 신념을 정당화한다.

* 독서—사색 없이는 해를 끼친다. 사색을 위한 충분한 시간을 가짐은 도덕적 의무다.

* 힐티—거만은 항상 어리석음과 결부되어 있다. 관능성과 이기심을 더 높은 관심으로 극복하라.

* 박목월—나의 결을 닦아 내고 있을 뿐이다.

* 김대중—무리도 말고 쉬지도 말라—600권 옥중 탐독—극한 넘어 일상

* 인격—고매-소탈금/치밀-소심금/담박-결벽금/지조-격렬금
* 방지일—강단에서 익숙성 금지
* 어거스틴—원수는 나의 의지를 붙잡고 쇠사슬로 묶었다. 정욕으로부터 죄악의 습관을 낳았다. 그런데 내 속에서 새로운 의지가 솟아나기 시작했다. 시간은 창조되었고 의미에 차 있다.
* 어거스틴—세상 것을 궁극적으로 사랑하는 것이 아니라 사물들 안의 하나님을 사랑한다.
* 에드워즈—타자의 교만을 보고 내 교만을 애통해하라.
* 에디슨—2332가지 발명—청력 잃고 연구 몰두
* 야스퍼스—나치 교수직 박탈 8년—한계상황의 실존, 실존조명
* 안창호—18세 경신학교—흥사단—임시정부조직—그대가 나라를 사랑하는가? 그러면 먼저 그대가 건전한 인격이 되라.—지극정성은 물건에 움직여지지 않고 물건을 움직인다.—진리는 반드시 따르는 자가 있고 정의는 반드시 이루는 날이 있다.
* 스티븐 코비—성품 단련 [배려, 영감, 풍요, 이상]—성장 [점진 비축]—소통 [일대일]—열정 [참여, 추진력]—의논 [대결 넘어 공감]
* 시련—이승만 감옥 8년 영어사전 만듦—케네스 배 15년형—김대중 감옥 600권 독서—연단은 준비, 성숙, 교정—안이숙 6년 감옥, 이것이 없었다면 허공 치는 삶—야고보서 1:2 시련과 구비[具備]—고난은 도덕면, 징계면, 교훈면, 승리면
* 스펄전—설교 준비로 직관적인 것, 투명한 것을 저장해 놓으라—자기 성경을 만들라—설득력 있는 문체 개발—진지함은 연구를 게을리함으로 사라진다
* 아리스토텔레스—동적 세계관—부동의 동자—사회적 동물—

삼단논법

　* 아킴비스—하나님이 전부인 사람은 지상에서 일어나는 어떤 일도 만족하게 된다—가장 적은 은혜도 큰 은혜로 감사하라. 그것을 주신 분의 가치 때문에 선물에는 적은 것이 없다—반대는 허영심을 없애 준다—자랑하기 위해서 배우지 말고 회개하기 위해서 배우라.—사람 단점은 하나님의 지시가 있을 때까지 견디어야 한다.

　* 바실레아 슈링크—우울증의 많은 원인은 감추어진 교만 때문이다—아버지께서 주시지 않은 것은 아무것도 갖고자 않겠나이다—실질적인 굴욕만이 교만에서 해방시킨다.

　* 스마일즈—의복은 사치품, 책은 필수품—결혼은 협상의 연속—아무리 사소한 행동이라도 인격 형성에 영향을 미치지 않는 것은 없다.

　* 스토트—말씀 설명의 기쁨—학문적 복음주의—설교자의 인격 형성이 기술 습득보다 더 중요하다.—하나님 섬기는 일과 유행의 노예 되는 일 사이의 구분

　* 브라우닝—때는 봄 봄은 아침/ 아침은 일곱 시/ 이슬 맺히고 종달새 날고/ 달팽이 기고/ 하나님은 하늘에 계시니 세상은 좋아라.

　* 본회퍼—성경 통해 말씀이 깊어지지 않은 날은 잃어버린 날

　* 본회퍼—심령 가난은 예수님만 소유/ 온유는 자기 권리 포기/ 의에 주린 자는 신지 완전 실현 갈구/ 긍휼 불가항력적 사랑 실천/ 청결 예수님께 마음 바침/ 화평과 평화 만듦

　* 몽테뉴—탑 속의 천 권 책—명상의 공간—본질적인 것을 빼앗기지 말고 화나는 일은 사뿐히 딛고 가라.

　* 바운즈—환난은 교정 과정

　* 바운즈—불신앙과 무기도는 병행—성취에 대한 교만이 그 독을

기도에 보낸다.

* 바클레이—헐뜯는가, 격려하는가/ 은총을 세는가, 불행을 세는가/ 가진 것을 감사하는가, 잃은 것을 저주하는가?
* 박완서—기적은 하늘을 나는 것이 아니라 땅을 걸어가는 것
* 박종순—설교는 기도와 사고의 영적 작품
* 박종열—하나님보다 인정이 많은 척/ 가혹한 척/ 전능한 척 말라
* 아킴비스—날마다의 생활에서 진리를 찾아내는 열심
* 성화—거룩은 순간순간 그리스도에 대한 체험으로 이루어진다.
* 정서—기쁨이란 하나님의 사랑 속에 희망을 보는 것
* 정서—건강 비결은 영혼의 자유
* 인격—유약무 [有若無] 도가 있으나 내색하지 않고, 실약허 [實若虛] 덕 있으나 빈 것같이
* 에드워즈—이성은 계시의 위치를 가질 수 없으나 계시를 설명할 수 있다.
* 프랜시스—평화의 도구로—미움에 사랑/분열에 일치/불의에 진리/절망에 희망 심게
* 성결—청교도 정신은 세상 것을 악하다고 함이 아니라 그것을 궁극적 가치로 생각함이 문제라는 것이다.
* 단련—학문의 중심은 어떤 가치관, 세계관을 정립함이다.
* 물질—분에 넘치는 생활, 일확천금의 과도한 욕망, 건전 생활 위한 자립 정신, 선한 생업
* 단련—실천은 변화 과정의 주요 요소다.
* 성화—두 가지 용서가 필요하다. 하나님 자녀가 되는 용서, 하나님을 닮아 가는 데 필요한 용서.

* 단련—귀용—7년 감옥 세 자녀 사별—과거 자신은 잊고 미래 자신은 맡기고 현재 자신은 바치라.
* 곽선희—절망은 하나님의 사랑을 거역하는 죄다.
* 공자—정중동, 융통성—동중정, 침착성
* 공자—받는 것에 분수를 넘어서는 안 된다.
* 노자—상선약수—최상 선은 물—직불 과교
* 그룬트비—삼애—신·인·지
* 귀용—우리는 주님에게서 시선을 떼고 선물로 향한다.
* 길선주—나는 아간입니다—계시록 만독
* 김형석—정신 건강을 위해서는 뜻있는 일을 계속해야

헌신 교훈

* 하나님을 경외, 이웃을 섬기라. 자기를 감사하라.
* 리빙스턴—선교는 의무가 아니라 특권—7년간 반유목생활—5년간 가족 이별—환등기 복음 전도

11.
묵행 준비

묵행은 자기가 자원한 심령으로 하나님의 뜻과 사랑에 순종을 결심하는 것입니다. 그리고 생활 속에서 구체화하기 위해 실행 제목을 되새기는 작업입니다.
* 감동되는 사항을 제목으로 즉시 게재합니다.
* 항상 되새기며 점검하며 확인하여 실제화합니다.
* 묵행 동기는 내면과 영성에서 우러남을 중시해야 합니다.
* 제목들을 정리해 봅니다.

◆ 비상일상
생활의 전부를 은총 중에 생각합니다. 그러기에 평범도 초월도 통합됩니다. 마치 변화산에서와 하산 시의 삶의 통일 같은 생활을 살아내는 것입니다.

* 무교 무옥

욕심과 교만은 인간 내면의 가장 근본에 속한 것으로 생각됩니다. 교만의 뿌리는 관을 뚫고 일어난다는 말이 진실입니다. 욕심의 뿌리는 한이 없습니다. 어떤 자는 자전거를 타고 오르막길을 오르는 것과 같다는 것입니다. 내릴 수도 없고 올라가기도 힘이 듭니다. 욕심의 정화와 하나님의 공급으로 인한 자족과 재창조적 사고가 중요합니다.

* 겸손 분량

자기의 가진 것이 전부가 아님이 진실입니다. 나의 분량이 있습니다. 그 분량에 진실하며 더욱 확장하며 그것으로 귀한 가치를 이루어 내는 것입니다.

* 장교어졸 [蔣巧於拙]

사람마다 가진 귀한 장점이 있습니다. 그런데 그 장점을 어떻게 갈무리하느냐가 중요합니다. 악용하기도 쉽고 과신하기도 쉽습니다. 진실만을 추구하며 선용에 최선의 노력을 해야 합니다.

* 언제나 희망적

삶의 과정에 낙심되는 상황이 있게 됩니다. 그러나 그 상황에서도 할 일이 있고 반드시 따라야 할 사명이 있습니다. 이유는 그 모든 상황을 선하신 하나님이 함께하시며 인도하시기 때문입니다. 그러므로 언제나 희망 의식으로 생각하고 행동해 나가야 합니다. 대안을 찾아보고 창조적 삶을 생각해 보아야 합니다.

* **본연 [本然]**

가장 진실함의 자세는 본연이 되는 것입니다. 한 인간 한 사람 한 역사 속의 책임 있는 자로서 나아가야 합니다. 그 외에 주어진 다른 요소들을 존재 자체로 보아서는 안 됩니다.

* **역래순수 [逆來順受]**

삶의 과정에는 호불호의 일들을 대해야 합니다. 그러나 전체를 생각할 때 두 요소가 다 필요합니다. 호는 기쁨을 줍니다. 불호는 생각하며 자기를 다지고 살피게 합니다. 그러므로 두 요소의 교직이 우리 삶을 풍성하게 하는 필수 요소일 뿐입니다.

* **경로착처엔 유일보 [徑路窄處, 留一步]**

이웃과 함께 살아갈 때 어려운 과정이 있게 됩니다. 그때 자신보다 이웃을 앞세우는 것은 평화를 가져옵니다. 아브라함이 조카에게 목초지를 선택할 때 '네가 좌하면 나는 우하겠다'고 결단합니다. 이웃을 우선시 세우는 것은 자기 삶을 풍요하게 합니다.

* **수향에 무유 분외 [受享 毋踰 分外]**

우리 자신을 누리게 되는 보답이 있을 수 있습니다. 그러나 항상 누림에 절제와 신중이 필요합니다. 이유는 이웃의 땀을 누리는 것이기 때문입니다.

* **기기는 이만복 [攲器 以滿覆]**

삶은 계속 심화해 가는 과정입니다. 그러함에도 불구하고 자기만족에 도취되기가 쉽습니다. 기기가 가득 차면 넘어진다는 교훈을 새기며 언제나 부족한 면에 진실하며 나아감이 있을 뿐입니다.

* 난즉생 한즉살 [暖則生 寒則殺]

계절은 우리를 가르칩니다. 따뜻한 봄에 모든 생물은 일어납니다. 따뜻하면 소생하고 추우면 죽게 됩니다. 이러한 자연의 가르침은 관계 면에도 진실입니다.

* 암중에 불기은 [暗中不欺隱]

인간의 시선은 우리의 행동에 영향을 줍니다. 그러나 그것을 넘어서서 사는 자세는 더 진실할 것입니다. 어두운 곳에서도 자기를 속이지 않는 마음 자세를 가져야 합니다.

* 저양의 촉번 [羝羊觸藩]

삶의 실패와 추함은 언제나 자만에 근거합니다. 숫양이 울타리를 받다가 뿔이 걸리는 것입니다. 뿔 과신이 자기를 얽매고 맙니다. 장점으로 의미와 가치를 추구하며 지속하는 길만이 나아갈 길입니다.

* 신의 세상 사명/약자 책임

신앙인의 세상관이 있습니다. 그것은 이 세상이 아무리 혼돈해도 하나님의 것이요, 하나님의 다스림 밑에 있다는 것입니다. 그 대신 그 세상 속에 우리가 있는 이유는 사명입니다. 그 사명 중에 중요한 것이 약자에 대한 섬김입니다.

* 사고 사명

우리의 모든 행동은 사고에서 발생합니다. 그러므로 사고를 어떻게 다듬는지가 중요합니다. 특히 남을 지도하는 자의 사고는 매우 중요합니다. 이유는 그 영향이 깊기 때문입니다. 사고를 정리, 보완, 미화하는 것은 중요한 사명이라는 생각으로 성실히 노력해야 합니다.

* 은사 발전 섬김

하나님은 누구에게나 은사를 주셔서 세상 속의 사명을 감당하게 합니다. 그러므로 항상 만남 시에 그 은사를 격려해 주어야 합니다. 그것이 섬김 중에 중요한 일입니다.

* 아가페 인내

사람 관계에서 서로가 다른 점이 갈등하게 됩니다. 목적이나 자세가 다르기 때문입니다. 여기서 필요한 것이 인내입니다. 그러나 쉽지 않습니다. 인내의 근원은 하나님의 사랑에 있습니다.

* 디딤돌 사명

디딤돌은 남이 나를 밟고 건너가게 하는 것입니다. 이 사명을 깊이 각인, 단련하며 처세해야 합니다. 타인이 건너는 것으로 만족할 줄도 알아야 합니다.

* 덕 되돌림

우리 삶은 여러 사람의 수고로 이루어집니다. 덕스러운 결과가 있다고 해도 그것은 남의 희생과 수고와 도움으로 이루어진 것입니다.

그러므로 결과의 좋음은 항상 이웃에게로 돌려야 합니다.

* 삼위 근원화

신앙 내용을 삼위 하나님의 일하심과 은총에 근거하여 늘 생각해야 합니다. 그래서 균형과 조화를 추구해야 합니다. 하나님의 주권 의식과 오늘날의 성령님의 일하심이 동시에 깊이 생각되어야 합니다. 성령의 일하심은 예수님의 대속과 구원에 근거해야 바르게 이해됩니다.

* 차례적 대화

대화는 일상의 중요한 작업입니다. 대화를 통해 의견을 나누고 마음까지도 나누어집니다. 무엇보다 대화를 통해 깨닫고 배우는 것이 중요한 일입니다. 대화 시 남을 존경하며 자기 차례를 조심하여 정하며 내용을 제시해야 합니다.

* 관계 근원 조절

서로 관계하다 보면 깊어지기 쉽습니다. 그러나 사람은 한계를 가지고 있습니다. 완전과 불완전은 불가합니다. 그러므로 관계를 가깝게도 할 수 있으며 멀게도 할 수 있어야 합니다. 혼자 있을 수도, 함께 있을 수도 있어야 합니다.

* 정지 대화 섬김
* 평범화
* 성구 설교

* 다종독서
* 매일 글쓰기
* 신앙적 도덕
* 핵심 조언 기도 실행
* 질문 이해 대안
* 독서-적기-행동
* 섭리 희망
* 2종 질문 필수
* 비전 토론
* 첫언 감사합니다
* 발표 중심 교육
* 임종 찬양
* 한점 격려
* 참여적 설교
* 대화 그룹 공부
* 통독적 설교
* 청중 참여 설교, 성구, 찬양
* 잠재력 섬김
* 도서 보내기
* 성구 2번 반복
* 유연, 고정 자세
* 습니다. 명확한 발음
* 몸살기—선지자 이사야. 나신 3년/ 예레미야 멍에/ 에스겔 한 쪽 수면 430일

* 관계짐 즉각 해소
* 신지 근거 감정 일관
* 생활 질문
* 반대 일차수용 조건 보완
* 중도안 재제시 의논
* 작은 감사를 잊지 말라
* 가치와 가능성 한가지
* 포인트 기억 마지막으로 말함
* 격려, 묻고 배움
* 인사 시 격려
* 찬송 암송 연습
* 1초 전도
* 긴박 시 침묵
* 정향 책임
* 정리 독서
* 고마움
* 머무름
* 한 달 일기
* 두드러짐 조심
* 위로점 필연 발굴
* 배울 점 한 점 착굴
* 타자에서 하나님 손길 탐색
* 주일 바로 설교 작성
* 진리 직면

* 수용 우선주의
* 일일 일자 격려
* 일일 저술

12.
기도 준비

* 상황을 바르게 깊이 판단하게 기도합니다.
* 성도들의 마음을 위해 기도합니다.
* 성령님이 일하시기를 기도합니다.
* 전인의 정결을 위해 기도합니다.
* 인내와 실행을 위해 꾸준하고 규칙적인 노력을 합니다.
* 기도의 영성 보완을 위해 기도에 대한 저술들을 규칙적으로 읽으며 새 힘을 얻습니다.

기도 헌신자들의 저서를 살피며 중요한 지침을 정리해 봅니다.

E. M. 바운즈

기도의 능력

* 하나님은 방법보다 사람을 찾으신다. 하나님은 전심으로 자기를

향하는 자를 위하여 능력을 베푸신다. 설교자는 설교를 만든다. 설교자는 복음을 인격화해야 한다.

* 참된 설교는 골방에서 이루어진다. 하나님에 대해 사람에게 말하는 일은 위대하다. 그러나 사람을 위해 하나님께 고하는 일은 훨씬 더 중요하다.

* 사람을 대하기 전에 먼저 기도하라. 하나님이 생각과 노력의 첫 자리를 가지게 하라.

* 기도 없이 헌신 없고 헌신 없이 기도 없다. 예수님 외에 영광을 벗고 그분께 영광 돌리는 것 외에 다른 포부가 없어야 한다. 기도는 계시의 원천, 전진의 수단이다.

* 브레이너드는 금식과 기도와 묵상에 잠길 때면 나의 영혼은 금욕과 자기 부정과 겸손과 세상사로부터 이탈을 갈구한다고 했다.

기도의 가능성

* 말을 하지 않더라도 기도의 영이 항상 행위와 언어 속에 있어야 한다.

* 당신의 설득이 실패한다고 하더라도 효력을 나타내는 것은 기도다.

* 하나님의 약속은 끈질긴 기도 후에 이뤄진다. 기도와 믿음은 쌍둥이다.

* 사탄은 우리의 열심을 조롱하고 지혜를 비웃지만 기도에는 떤다.

* 육체의 필요를 기도로 채우지 않는 자는 영혼의 필요도 기도로 채우지 않을 것이다.

빌 4:19 "너희 모든 쓸 것을 채우시리라."

기도는 모든 근심의 치유책이다.

* 기도를 무시하는 것은 성결의 커다란 장애물이다. 쉬지 않고 기도하면 산상 보훈을 이루리라.

* 기도의 유익은 우주를 움직이는 팔을 움직인다.

* <u>응답받는 기도는 사랑의 샘이며 기도에 대한 직접적인 격려다.</u>

* 응답받는 기도는 믿음을 창조한다.

* 기도와 섭리는 분리할 수 없다. 섭리 신학자는 모든 일에 하나님의 손길을 본다. 그에게 찾아오는 모든 것에서 하나님을 본다.

할레스비

기도란

* 기도는 하나님께 대한 우리의 분명한 마음의 태도이다. 우리 무력을 알고 기도가 최후의 생명줄이라 생각한다. <u>기도와 무력은 나눌 수 없다.</u> 무력한 자만이 기도할 수 있다. 믿음이 흔들릴 때도 주님께 나가라. '나의 믿음 없는 것을 도와주소서' 하라.

* 기도의 생명이 목 졸리게 될 때가 있다. 극복의 비결은 실행과 인내다. 기도의 영이 필요하다.

* 기도의 짐이 되는 경우 염려를 맡겨라. <u>속을 터놓고 대화하라.</u> 하나님은 자기 자신의 때와 시간을 갖고 계신다. 성급함이나 권태를 이겨라.

* 우리의 부와 복이 기도를 막는 일이 되지 않는 비결은 예수님의 이름으로 기도하는 것이다.

* 하나님은 우리를 두 가지로 무장시키신다. 객관적인 성령과 주관적인 기도다.

12. 기도 준비

* 사람들을 만날 때마다 중보 기도를 하라. 지도자들의 지도력을 위해 기도하라.

  * 기도는 일이다. 신국에서 <u>대용물이 없는 노역이다.</u> 다른 모든 일의 전제 조건이요 선행 조건이다.

  * 기도는 사탄이 화살을 쏘는 표적이다.

  * 고요한 기도의 전주곡이 필요하다. 하나님께 드리는 기도가 나날의 광선요법이 되어야 한다.

  * 조용한 기도의 처소는 피투성이의 싸움터다. 기도의 영과 조화를 이루라.

  * 우리가 이해하기 어려운 하나님의 다루심이 있다. 한마디도 대답하지 않으심이다. 사탄은 하나님과의 틈을 이용한다. 이기심은 남을 위한 열정을 앗아간다.

  * 기도는 하나님의 임재 앞에 서게 한다. 하나님과 밀접해지라.

  * 감사는 응답을 확인할 때이며, 기도할 힘을 얻게 한다.

  * 나날의 모든 경험을 하나님께 아뢰라.

  * 기도의 기술 중에 가장 어려운 것이 중보 기도다.

  * 기도의 영을 구해 기도에 매진하라.

  * <u>일생이 기도 응답의 이야기가 되리라.</u> 기도 응답의 유산을 남겨주라.

피니

불신앙

  * 불신앙은 근심, 성경 무지, 난관에 넘어짐, 의심, 하나님보다 사

람을 더 신뢰함, 섭리 불평, 믿음의 평안 거절, 약속의 성취에 대한 내적 확신 부족, 나 대신 죽은 주님을 의심함, 진리를 자기에게 <u>적용하지 않는 것이다.</u>

* 불신앙 원인은 하나님의 성품에 대한 증거에 주의하지 않기 때문이다. 정욕은 반드시 불신앙으로 사람의 눈을 어둡게 만든다.
* 불신앙은 모든 죄의 뿌리가 된다. 하나님을 슬프게 한다. 하나님의 영향력을 차단한다.

진리의 바른 이해

* 진리와 하나님께 대한 사랑이 있게 되면 그것은 그 밖의 모든 문제를 막아내며 또 우리의 존재 전부를 다스리는 원리, 곧 모든 일을 오로지 하나님의 뜻을 행하기 위해 한다는 생각에 이르게 된다.
* 모든 영역에서 하나님의 뜻을 행하려는 간절한 열망이 있다면 우리 자신의 진보와 봉사에 관계된 유용한 문제들에 대한 하나님의 계시를 기대해도 된다.
* 하나님의 뜻을 행하려 하는 자는 계속 진리를 열심히 따르며 배운 대로 빨리 진리를 실천에 옮긴다.

세상의 빛

* 당신은 여론의 산물인가? 도덕 개혁에 침묵하는가? 우리 자신의 인기에 매여 있는가? 어둠과 대조되는 참빛을 제시하는가?

하나님과 교통

* 하나님께 여쭙고 <u>은밀하게 상담</u>하며 마음의 이야기를 나눌 수

있도록 허락하셨다는 것은 하나님 편에서 무한한 사랑과 겸손을 나타내신 것이다. 성령은 우리에게 깊은 관심을 갖고 계신다. 하나님과 홀로 있으며 영혼의 부르짖음을 드리며 영혼의 욕구들이 냇물과 같다. 커다란 해방감과 마음의 넓어짐을 느낀다. 하나님께 마음을 다 내어놓을 수 있고 하나님 나라에 관해 흥미를 느끼며 기도해야 한다. 끊임없이 의논하고자 하는 마음, 하나님을 거룩한 친구로 만들려는 자, 성경에 대한 이해력이 생기고 확실히 깨달아진다면, 자기의 과거, 현재의 성품의 상태에 깊은 인식을 하게 된다면, 주님께 큰 신뢰심을 갖는다면 하나님과 교통하는 자이다.

* 하나님과 교통을 지속하려면 추구해야 한다. 하나님과 관계에서 아주 작은 변화라도 생길 경우 자신 영혼에 경종을 울리라. 온전한 헌신상태에 있어라. 성도의 능력의 비결은 하나님과의 교통에 있다.

시험을 물리침

* 재산, 폭식, 허영을 위한 옷치장 등 모든 시험은 물리치고 피해야 한다. 죄에 빠지게 하는 요인을 버리라.

성품구성

* 의도는 그 사람 마음의 계획, 목적, 목표다. 궁극 의도와 종속 의도가 있다. 사람의 성품은 궁극의 의도와 같다. 마음에 거짓말을 담지 말라. 행동의 기초를 정직하게 조사해 보고 <u>궁극적인 의도를 물어보라.</u>

죄를 고함

* 죄는 공중 앞의 죄, 끊임없이 따라다니는 죄, 은밀한 정욕들, 마음 상태, 타자에 대한 공격과 상처다. 상처받은 자에게 고백해야 한다. 우리가 서로 간에 고백하지 않으면 타자에게 원한을 품을 시간적 기회를 계속 제공하기 쉽다. 고백은 신뢰와 교제 회복에 필요하다. 고백은 형제애를 불러일으키기 위함이다. 고백은 겸손을 증진한다. 영적 경각심을 갖는다. 형제들의 질책을 수용하게 된다. 다른 형제들의 반성을 촉구하게 된다. 영적 질병의 치유가 보장된다. 하나님과 날마다 동행하게 된다.

구원의 조건

* 거룩한 상태의 지속과 지속적 경각심이 필요하다. 성령의 끊임없는 내주와 지속적인 영향력이 거룩의 유지에 필수 요소다. 지속적인 칭의는 지속적인 거룩함에 있다.

* 모든 신자는 신앙의 분량에 따라 전진한다는 사실, 하나님은 자신을 살피며 타락하지 않도록 지키는 사람을 보존하신다는 것, 기도에 깨어 있고 성령 안에서 기도하는가에 비례하여 기도의 영을 가지게 된다는 사실이다.

오스왈드 스미스 《능력 있는 기도》

* 기도—스미스—갈구는 믿음의 증거—기도는 믿음 자라게 하는 최고법—불완전한 순종이지만 성령 인도를 받으라—신지[神志]에 위반이 아니라면 간구하라—기도에 제한은 없다—하나님 뜻과 다

르다면 하나님이 조정하시리라—기도하는 동안 하나님의 뜻을 가장 잘 배울 수 있다—부자의 사랑—언제나 문이 열려 있다—구하기 전에 하나님은 먼저 필요를 알고 계신다—합심 기도에 동반자를 감사하라. 그러나 그것에 매이지 말고 홀로서라도 기도하라—기도의 방해물은 기도하는 가운데 치유해 주신다—제물 드리는 곳에서 하나님을 슬프게 하는 것들을 가장 잘 보여준다—기도하는 곳이 양심이 최고로 살아있는 곳이다—모든 병폐를 치료하는 곳이다

13. 몸과 정서 준비

성경은 몸을 주님께 산 제물로 바치라 합니다. 우리는 몸만 있는 것이 아니요, 정서와 함께 움직이게 됩니다. 그러므로 전인을 늘 주님께 드리며 기쁨과 안정과 감사로 가득 차는 자세가 필요합니다.

* 에너지 80% 활용 지침을 지킵니다.
* 토요일 시간을 넉넉히 이용합니다.
* 규칙적 생활을 지속합니다.
* 운동으로 몸을 활성화합니다.
* 음식에 절제와 영양을 고려합니다.
* 잠을 규칙적으로 이룹니다.
* 마음을 평정과 감사로 채웁니다.
* 평범과 비범을 다 안고 은혜를 의지해야 합니다.
* 찬송을 암송하여 늘 올려 드리면 정서에 귀한 도움이 됩니다.
* 대소사를 늘 주님께 간구해야 합니다.

* 일의 진행 과정에 주님의 인도를 경험하며 감사해야 합니다.
* 무슨 일이나 미리 준비하여 긴장에 사로잡히지 않게 함이 필요합니다.
* 타자와의 관계에서 섬김과 포용과 격려를 지속하여 축하해야 합니다.

목회자의 자기 관리의 지침을 방지일 목사님의 도서에서 정리해 봅니다.

* 기도의 짐을 지지 않고 예배에 나오는 것은 형식적 예배다.
* 설교자는 하나님께서 어떤 말씀을 주실 것인가를 기다려야 한다. 밀실에서 주신 대로 전할 뿐이다.
* 신앙 영역에서는 일호의 인위적인 것이라도 용납할 수 없다. 시작에서 끝까지 영의 역사여야 한다.
* 일의 주체성을 바로 인식하지 못하는 경우는 성역한다면서 자기 일 하기가 쉬운 것이다.
* 교인들이 기도의 일을 힘있게 해야 말씀의 구미가 계속된다.
* 교역자의 실력은 우려먹어서는 안 된다. 그 실력을 시간적으로 쌓아야 한다.
* 목사는 말씀의 깊이에 성역의 깊이가 있다.
* 성경은 기도와 병행해야 한다. 기도는 성경의 주석이다.
* 크고 작은 일, 무슨 일이든지 물어서 그 지시에 따라 하라. 일을 묻고 보고하고 재가를 맡아서 하라.
* 신앙 분량이 깊으면 좁아져서 독선적이 되기 쉽고, 넓으면 얕아

지기에 보완해야 한다.

워치만 니의 지침을 정리해 봅니다.

* 근면한 사람—사역자의 인격은 사역에 일치해야 하며 인격 구비는 일상과 평생이다.
* 사람을 사랑할 줄 아는 사람—인류에 대한 관심은 사역자의 기본 요건이다. 사역자는 타인의 절대적 가치를 인정해야 한다.
* 말조심하는 사람—말의 부주의는 사역의 능력 상실의 원인이 된다.
* 진리에 충실한 사람—하나님의 뜻을 찾는 것에 집중하며 진리를 최종적인 것으로 받아들여야 한다.
* 남의 말을 잘 알아듣는 사람—과도한 애정에 균형을 가지며 십자가의 애정을 품으며 감정 이입으로 타자를 이해해야 한다.
* 고난받을 마음으로 각오가 되어 있는 사람—자기 연민을 조심하며 평안할 때 고난 각오가 없으면 역경 시에 넘어지고 만다.
* 주관적이 아닌 사람—하나님께 솔직하게 개방할 때 영적 발전을 하는 것이며, 전모를 아시는 분은 하나님이시니 자기도취에 빠져서는 안 된다.
* 자기 몸을 쳐서 단련할 줄 아는 자—매일 몸의 순종을 습관화해야 한다. 몸의 요구를 다스리며 모든 일에서 주님 봉사가 제일 우선적이 되게 하라.
* 견실한 사람—감정 따라 움직이는 일을 신중히 하며 자신만만할수록 탈선하기 쉬움을 기억하라. 따르는 사람이 많을수록 자기

신뢰는 비대해진다. 아무리 확신이 있어도 자신을 믿어서는 안 된다.

* 금전 문제에 성실한 사람—두 주인을 섬길 수 없으며 탐욕 연단을 지속하라. 물질 넘어 소명을 따르며 물질 취급에도 주의해야 한다.

* 하나님께 받은 훈계와 시련의 정도가 말씀에 나타난다.

* 인간 감정이 하나님의 감정을 대변할 수 있는 경지까지 가야 한다.

* 우리의 정신 능력을 다 소비하면 하나님에 관한 일에 사용할 정신 능력은 있을 수 없다.

윌라드 달라스의 지침을 정리해 봅니다.

* 구약성경은 하나님의 구체성이다.
* 구원은 연합이다.
* 하나님관이 중요하다.
* 하나님께 가장 깊은 감정까지 가지고 나가라.
* 뜻밖의 장소에서 주시는 말씀이 있다.
* 기쁨이 만사를 관통하게 하라.
* 평범이 하나님을 담는 그릇이다.
* 하나님의 임재와 실재가 눈에 보일 듯 뚜렷한 생애가 되라.
* 궁극성은 사랑인가, 사랑의 하나님인가?
* 계속되는 성육신
* 정보인가, 생명인가?
* 죄악성 파괴의 실제 계획을 추진해야 한다.

로이드 존즈 목사님의 저서 《영적 침체》에서 지침을 정리해 봅니다.

참된 기초

* 하나님의 구원 방법을 알아야 한다. 그리스도 안에 있는 구원 방법이다. 하나님의 절대적 의를 충족시킨 분이 예수 그리스도이시다. 화목 제물로 처벌받으신 주님이다. 하나님은 그의 완전한 의를 열납하시고 성도의 의의 근거가 되게 하셨다. 우리가 죄인인가 의인인가는 하나님의 관계에서 판가름된다. 자기의 모든 것을 내려놓고 주님만을 의지하라.

* 복음은 전 삶에 대한 것이며 일면적인 것이 아니다. 그러므로 이분법적 사고는 잘못이다. 지정의 전인격이 연관되는 것이다.

* 믿음은 활동이다. 어떤 공포든지 거부하는 것이다. 그러나를 항상 앞세워야 한다. 특별한 상황에 믿음이 적용되어야 한다.

* 겸손을 위해 징계만큼 좋은 것은 없다. 징계는 아버지의 섭리로 되는 것이다.

* 연약한 무릎을 세우는 근육 운동이 필요하다. 곧은길을 가는 성결 운동을 해야 한다.

* 도덕률은 이상적인 자아로 정신적인 진보, 심리적 평형을 준다. 도덕을 버리면 본능의 무질서 속으로 빠지고 만다.

* 마음의 힘을 강조하는 스토아학파, 바라문교도, 불교, 힌두교도들이 있다. 일종의 무관심을 추구한다. 기독교는 부정적 인간관을 거부한다. 성도의 승리는 그리스도와 연합에서 이루어진다. 인간과 상황에 초점을 두는 것이 아니라 그리스도와 나와의 바른 관계, 바른 균형이 중요하다는 것이다.

14.
신학 준비

* 설교의 근거는 신학입니다.
* 신학의 근본을 생각하되 시대를 생각하며 다양해 짐도 고려해야 합니다.
* 신학자들을 비교하며 더 정확하고 참됨을 추구해야 합니다.

존 스토트의 《논쟁자 그리스도》에 근거하여 몇 가지 지침을 정리해 봅니다.

세상

* 기독교는 단순한 도덕적인 종교만이 아니라 하나님의 권능에 의한 부활의 종교이다.
* 교회는 죄를 너그럽게 보아준다든지 회개를 저버리는 것을 원하는 것이 아니라 비판하지 않는 우정을 사람들에게 제공하는 것을 말한다. 그렇지 않으면 교회가 죄인들을 위한 것이 아니라 성자들을

위한 것이 되고 만다. 개방성을 가지고 인종적, 계급적 차별을 넘어야 한다.

　* 오염의 두려움 때문에 수도원적 이상을 추구함은 고려해야 한다. 참예배는 세상에서 증거자로, 종으로 됨을 관심해야 한다. 전도와 사회적 관심의 균형을 추구해야 한다. 샬롬은 개인을 넘어 사회적 총체성을 말하고 있다. 하나님은 육신과 영혼을 지으셨기에 영혼만을 강조해선 안 된다. 수직적 차원을 잃는 것은 맛을 잃은 소금이요, 수평적인 차원을 잃는 것은 성육신을 잃어버린 것이다. 성도는 종과 증인으로 사는 것이다

도덕-외면적인가, 내면적인가?
　* 칭의는 성화를 내포하고 있다. 예수님은 율법에 대한 오해를 거부하셨지, 율법 자체를 거부하신 것이 아니다. 사랑과 율법은 분리되지 않는다. 모세 율법을 거부함이 아니라 바리새인의 율법주의를 거부하신다.
　* 더 나아가 복음주의자들은 자신들을 깊이 검증해야 한다. 중생을 개인적인 헌신만을 강조하는 것으로 생각하며 중생이 자연스레 성화로 이루어진다는 것은 잘못이다. 복음 전도만으로 사회가 의를 이루게 된다고 생각해서는 안 된다. 기독교인은 좋은 시민이요, 좋은 증인이 되어 모든 인류의 자유, 정의, 존엄과 복리를 보장하는 사회제도를 축적하는 데 공헌해야만 한다.

　정원범 교수의 21세기 문명과 기독교 자료에서 지침을 정리해 봅니다.

경제

* 신자유주의는 자연주의적 이상주의로 역사는 스스로를 해석하며 스스로를 구원한다는 것이다. 그러나 인간은 자신의 행위의 질적 성찰적 구성을 이루는 지평을 필요로 한다. 그것이 문화적, 공동체적 맥락이다. 이런 면에서 종교적, 문화적 차원 중요성을 감안하여 기독교 이해가 보다 문화적이고 의미 부여적 차원으로 전환해야 한다.

* 새로운 사이버 병리 현상의 주체 분열적 성향에 의해 독자성과 자율성을 해체할 수도 있다. 인간을 자기 자신과 이웃으로부터 소외시킬 수가 있다. 종교는 종교 윤리를 근거로 신축성 있게 사회 변화에 대응해야 한다.

교육

세계관은 삶의 가치 비중을 결정하는 잣대다. 기독교적 세계관은 하나님의 창조질서와 청지기의 사명에 응하는 것이다. 인간가치의 보편성, 문화 인식의 다양성, 세계의 문제에 대한 지각, 상호 의존성, 미래 사회에 대한 예측 책임감, 세계개발 문제, 평화와 분쟁 문제, 환경 문제 등을 교육하여 세계적 마인드를 가지고 각자의 직업에서 사역하게 해야 한다. 한국 교회는 기복신앙 만연, 교회의 계층화, 탈사회적 경향, 대형화 경쟁, 그리스도인답지 않은 그리스도인의 범람 현상을 낳았다. 교인의 질적 성숙 훈련, 사회적 신앙인, 끊임없는 자기 개혁과 회개 헌신이 필요하다.

김명용 교수의 《현대의 도전과 오늘의 조직신학》을 근거로 지침을 정리해 봅니다.

삼위일체론

* 삼위일체론은 기독교 신앙의 정수다. 잘못 오해하여 삼신론, 일신론에 빠지기 쉽다. 삼위일체론은 예수께서 하나님 곧 성자이시고 이 성자 안에 성부 하나님이 온전히 거하셨다는 사실에서 시작된다.

* 삼위 하나님이 한 하나님으로 형성됨은 '페리코레시스'(περιχώρησις)란 말로 표현한다. 이는 상호 침투와 공재로 상호통재를 의미한다. 그러기에 예수님을 본 자는 아버지를 본 자요, 성령의 경험이 예수 그리스도를 경험함과 같은 것이다. 이는 예수님이 성령이기 때문이 아니라 성령 안에 예수님이 통재하시기 때문이다. 하나의 신성에 세 인격체이신 것이다.

* 평화를 이루기 위해 정신이 먼저 중요하다. 정의의 정신, 사랑의 윤리 실천, 증오심의 정화, 용서의 실천이 필요하고 악 억제의 힘을 인정해야 하며 힘의 사용은 정당성을 가져야 한다. 하나님의 사랑을 추구하며 평화를 위한 간구가 필요하다.

* 종교사회주의 이론이 있다. 블룸하르트는 예수께서 육체로 오신 것은 기독교가 영혼만의 종교가 아니라는 증거로 본다. 그러나 사회민주주의가 혁명주의로 변함을 반대 거부했다. 스위스의 라가츠는 폭력과 독재를 반대하는 사회주의를 주장했다.

* 하나님의 민주주의는 국가 속에서 하나님의 뜻을 아래로부터 찾아가는 정신이다. 이 정신은 성령의 다양한 활동을 전제한다. 대화와 토론, 설득을 중시한다. 평신도들의 정치적 참여의 중요성을 안다. 이로 인해 신정정치의 오류, 정교분리의 오류를 극복한다.

오영석 박사의 《신앙과 이해》에서 지침을 정리해 봅니다.

의인론과 성화론

* 칭의는 참회 이상이다. 하나님의 의는 인간의 모든 업적을 초월하며 초자연적이며 완전한 것이다. 인간의 모든 선행보다 근본적으로 우월하다. 이것은 하나님이 선사하시는 의다. 주님이 심판받으면서 죄인들의 죄과를 담당하신다. 하나님은 죄인들에게 순수한 자비를 나타냄으로 자신의 의를 드러내신다. 이 하나님의 은혜를 깨달을 때 비로소 해방되는 것이다. 이 경험을 루터의 탑의 경험이라 한다.

* 칭의받은 성도는 수동적인 의에 기초하여 하나님 앞에서와 세계 안에서 의를 향하여 순례길을 간다. 우리 밖의 의만을 의지한다. 성령의 사역으로 옛 인간성을 벗어간다. 이 새 창조는 완전하지 않고 날마다 의롭게 되면서 미래적인 완성을 지향한다.

* 참된 믿는 자 안에는 극기, 절제, 노동 같은 영적 훈련에 힘써야 하며 하나님을 기쁘게 하고 육체의 정욕을 억제하기 위함이다. 신앙은 우리를 하나님의 자녀로 삼고 사랑은 우리를 사람의 종으로 만든다.

* 의인 됨이 성화 속으로 흡수되면 율법 행위가 구원의 조건이 되고 성화가 의인에 해소되면 윤리적 실천이 약화된다. 그러므로 양자가 각자의 영역과 기능을 가져야 한다.

* 성화를 위해 두 가지 죽음이 필요하다. 내적 죽음은 자신의 의지를 죽이는 일이다. 성령이 감동하여 새로운 생각을 하게 함이다. 외적 죽음은 건강, 지위, 우정의 상실됨을 의미한다. 이런 생활은 삶을 통해 구체화되어야 한다. 새 사람의 삶은 하나님의 자비와 은혜를 깨닫고 다시 살아서 하나님을 향하여 거룩한 헌신으로 살겠다는 것이다. 사랑의 실천 생활은 모든 사람 안에 있는 하나님의 형상을

보며 사랑을 표현하는 것이다. 십자가로 자기를 깨뜨리며 복음을 위해 시련을 이겨감을 의미한다. 신자의 소명은 세상의 전 영역을 위한 것이다.

성령 역사와 은사
* 사도행전은 성령에 대한 다양한 모습을 말해주고 있다. 성령은 신적 능력이 아니라 하나님 자신이다. 확고부동한 인격과 결단과 능력을 지닌 하나님 자신이기에 예배의 대상이다. 단순한 능력과 감화력이 아니다.

김해연 님의 《역사적 입장에서 본 신학과 철학》에서 지침을 정리해 봅니다.

칸트 철학에 관한 신학적 이해
* 그는 인격적 인식을 강조하면서도 인간은 논리적 이기주의, 미적 이기주의, 실천적 이기주의를 가진다고 본다. 동시에 인간의 성숙을 강조했는데 이성을 최종의 권위로 보았다. 은총 대신 자연이 대치된 것이다. 칸트는 양심을 지상명령으로 말하며 종교의 핵심으로 본다.

칼빈주의와 생활철학
* 부의 편중은 사랑을 실천할 기회로 보며 신앙은 세속 활동에 의해 입증되어야 한다고 보며, 세상에서 도피가 아니라 세상 한가운데서 금욕주의를 실천한다.

* 교회와 국가는 분리보다는 다 같이 하나님의 주권 하에 있다는 것과 교회는 특별은총, 국가는 일반은총에 속한다고 본다. 세속에 하나님의 뜻이 이루어지도록 참여자가 되어야 하며 하나님의 바른 뜻이 이루어지도록 불의를 깨우쳐야 한다고 본다.

역사학

* 기독교 역사는 하나님 중심의 역사다. 오늘날은 과학적 탐구의 영향으로 실증사학이 중시된다. 영원한 시간 속에서 어떤 한 시점에서 출발하여 종말을 향해 직선적으로 전진하는 역사관을 가진다. 자연주의에 근거한 순환론적 역사관은 거부된다. 기독교는 타율적이며 구속사적이다.

성경해석학

* 해석학은 우리의 마음과 성경 기자의 마음을 연결시킨다. 어려운 점은 언어문화, 지리, 역사의 차이가 있다는 것이다. 원어를 살피고 점진적 계시 원리를 중시하며 분명한 해석을 우선시하며 성경을 성경으로 해석하는 조화가 필요하다. 계시의 종국성은 하나님의 사랑이요 그리스도다.

직분론

* 유형적 교회는 무형교회를 근거 삼고, 제도적 조직을 가지며, 통일체로서 유기성을 가진다. 유기적 교회는 머리 되신 그리스도와 직분자들이 생명적 관계를 갖는다. 유기성은 1차적이요, 조직성은 2차적이다.

한스 큉의 《그리스도교의 본질과 역사》에서 지침을 정리해 봅니다.

개신교회의 강점과 위험성

* 복음에의 집중은 개신교의 진정한 핵심이다. 가톨릭은 개신교의 강점을 수용하려 노력한다. 성서 존중, 공동체 중심의 전례, 평신도에 대한 재평가. 민중 중심의 개혁신앙, 의인 됨의 강점을 인정 수용한다. <u>위험 요소는 누진적 분리주의, 고착화의 위험, 배척에 의한 근본주의를 주의해야 한다.</u> 배타주의 없이도 정체성을 지켜내며 광신주의 없이도 확신을 지켜낼 수 있다.

근대의 위기

* 이성 인간 특유의 현상을 포착 이해하기 위해 수학화와 수량화로 충분할까? 이성에 의해서는 포착되지 않는 특수한 것이 있지 않을까? 이성은 오늘날 통전적인 경향에 의해 곳곳에서 의문시되고 있다. 진보주의는 자연적 삶의 터전들을 파괴했다. 군비경쟁, 쓰레기 전쟁 등이 그 증거다. 국가주의는 국가 간의 학살을 가져왔고 자유주의는 사회정의를 창출할 수 없고 사회주의는 개인의 자유를 억압했다. 이제는 후자본주의, 후사회주의, 후사회시장경제에 돌입했다. 현대를 단죄하는 대신 <u>현대의 인도주의적인 알맹이를 긍정해야 한다. 기독교는 차별화된 새로운 다원적, 통전적 종합으로 나가야 한다.</u>

이종성 박사의 《칼빈신학》에서 지침을 정리해 봅니다.

칼빈 신학 원리에 관한 여러 가지 해석

* 화란 칼빈주의자들은 칼빈의 예정론을 강조했다. 독일 웨버는 '신의 영광'이라고 하고, 다른 이는 신관념 성서주의, 바우케는 합리주의와 변증법과 성서주의의 혼합을 강조하며 바르트는 살아 계신 하나님 증거라고도 한다.

교회의 본질과 기능

* 성도는 믿음으로 구원과 영원한 축복을 받았으나 무지와 나태와 마음이 허망으로 외부적 도움이 필요하다. 이 목적을 달성하기 위해서 목사와 교사를 주어 백성을 먹이신다.

* 선택된 성도들이 공동체 그리스도 안에서 연결되어 한 머리에 의지하고 한 몸에 꽉 차 있고 같은 성령이 인도하여 공동생활을 한다. 로마 교회의 사도적 계승권, 교리 정치에 대한 그릇된 점을 거부하면서도 교회가 믿음의 어머니라는 것을 강조한다. 중생하여 정해진 목표에 도달할 때까지 쉬지 않고 성장하기 위하여 복음의 보화를 교회에 맡기셨다.

* 법규는 영적 자유를 보존하기 위함이다. 정당한 법규란 모든 일이 합당한 예절과 품위를 따라 모임이 정중과 온건 질서가 잘 유지됨이 표적이다.

경제관

* 물질적 재화는 하나님의 섭리적 도구다. 인간이 자신의 생활을 영위하며 연대적 책임을 가지고 사회생활을 하도록 재화를 처분에 맡긴다. 실용적인 사명과 하나님의 영적 사명을 위한 것이다.

* 부의 고르지 못한 불균형은 재화의 계속적인 재분배를 자극하기 위한 것이다. 부단한 유통은 상호 보완적인 성격과 의무적인 연대 책임이 있다. 부의 유통은 동기가 사랑이다. 부한 자는 하나님의 섭리에 의한 경제적 사명을 가진다. 도둑질은 사랑하는 마음으로 이웃에게 마땅히 주어야 할 것을 주기를 거절하는 행위이다.

* 물질이 하나님의 도구가 아니라 재신(財神)의 지배 도구로 둔갑할 수 있다. 돈이 죄악의 도구가 되는 것이다. 사탄은 일용할 양식을 책임지며 장래를 보증하는 것은 하나님이 아니라 돈이라고 암시한다.

* 경제면에 있어서 교회와 개인은 악화, 낭비, 반목, 사치, 무절제, 이기적 전용, 축재, 독점, 탐욕, 허욕 등으로 조화로운 재화 유통을 막기 쉽다. 성도는 예수님의 자발적 가난을 본받아야 한다.

* 성도는 새 생활에 있어서 다소의 금욕 생활이 필요하다. 헌금은 영적 행위요, 정도가 높은 예배 행위다. 재신(財神)이 폐위되었음을 증언함이다.

* 노동은 하나님 공급의 길이다. 하나님과 노동이 유리될 때 즉각 고통과 억압, 근심과 부정의 원천이 된다. 노동은 봉사의 원천으로서 하나님과 관여시켜야 한다. 그러기 위해 하나님의 활동에 알맞은 태도를 가져야 한다. 안식일은 하나님 일에 나아갈 수 있도록 그러한 상태에 두려는 것이다. 주일을 모독하는 것은 성별을 비웃고 노동 타락의 발단이 된다.

* 게으름은 천직의 거절이요 하나님과 불화이다. 타인의 땀 흘린 덕분에 살고 있기에 무위도식은 불가하다.

* 타인의 노동을 악용하고 착취함은 범죄 행위다. 노동에 대한 보

상을 버리는 것은 잔인함이다. 복음은 노동을 하나님 일에 참여케 한다.

* 임금은 하나님의 보상이라고 생각해야 한다. 신성한 것이며 하나님의 중재 방법이다. 고용주는 단지 전달자다. 임금의 액수는 합의와 책임감을 인식하여 정해야 한다. 노동자들의 비폭력적인 항거와 파업은 긍정되어야 한다.

* 대부 문제는 죄라는 규정에도 불구하고 인정한다. 돈은 생산력을 갖고 있다고 인정한다. 적정 이율이란 상대적인 규범이 필요하다. 대금업 금지령은 해제되어야 하며 그럼에도 건전한 제한이 필요하다.

* 자본주의의 정신은 소유욕에 근거한다. 그러나 칼빈은 노동을 종교적 활동으로 말한다. 칼빈은 신앙적 증명은 세상의 제반 활동이라는 가르침이었다. 웨버는 이에 근거하여 지독한 일꾼 의식과 적은 소비 생활은 저축의 투자를 가져왔다고 주장한다. 그러나 웨버의 예정교리와 자본주의 연결은 재고되어야 한다. 칼빈은 인격주의적 사회 개념을 주장한 것이다.

* 가난해도 인내로 견디고 부유해도 포기할 준비를 하고 하나님 축복을 최고선으로 보고 정욕의 노예가 되지 말고 생계를 위한 노동을 성실히 하며 물질 위해 악한 수단 사용을 금하고 매매에 정직하며 감사와 만족하며 남용을 버리고 절도 있는 자세를 위해 노력해야 한다. 바울은 세상 재물을 만나로 가르친다.

칼빈주의와 오늘의 시대
* 칼빈 사상은 개인적이며 사회적인 온전한 휴머니즘이다. 기술

과학, 무신론, 휴머니즘, 공산주의 휴머니즘이 있다. 칼빈은 계시와 인간 지식을 병행케 한다. 성서적 사회관으로 휴머니즘이 개인주의로 타락함을 막는다.

　* 칼빈은 교회의 전 세계성을 강조했다. 가톨릭 속에도 일체를 이루는 요소가 있음을 말한다. 그는 만인 보편적인 생각을 가진다. 인류를 효과적으로 보호해 줄 유일 기관이다. 이데올로기는 자연적 이교 사상이며, 신앙의 현대적 대중판이다. 범속한 신비주의이며 기술 시대의 합리적 무신론, 과학사고이다. 종교개혁은 성서로부터 출발하여 교훈을 올바르게 적용하려는 노력이다. 우리 시대의 수준과 환경에 발맞추어 나가게 항상 새로운 노력을 경주해야 한다.

15.
세계관 준비

세계관은 사고의 밑바탕이 됩니다. 기본자세를 살펴봅니다.

1. 생활관
* 본능주의, 회의주의, 허무주의
* 생활의 차이는 인생관의 차이에서 온다.
* 현실 세계와 본질 세계를 인식하라. 바다 밑에는 저류가 흐른다.
* 부분은 전체에 대하여 의미를 가진다.

2. 인생관
* 중요한 것은 윤리, 도덕, 철학적 요소다.
* 이념과 가치를 생각하며 전체적으로의 파악이 필요하다.
* 나의 인생은 무엇을 위해 있는가를 물으며 의미를 파악하라.
* 생각의 종류는 유심론, 유물론, 운명론, 이상론이 있다.

3. 세계관

* 세계관은 최종적 견지로서 이념 지향, 민족 지향, 가치 지향 등이 있다.
* 형이상학은 본질을 중시하며 존재론적 의미를 추구한다.
* 세계관은 세계 존재의 최종 의미이며, 유구한 역사, 종교, 사상, 문화, 인생관은 세계관에서 발원된다.
* 라이프니츠는 최상의 세계를, 쇼펜하우어는 최악의 세계를 말하고 있다.

톰 라이트는 《시대가 묻고 성경이 답하다》라는 책에서 다음과 같이 강조하고 있습니다.

과학과 종교의 분리 치유하기

* 다윈은 웨스트민스터 성당 안에 안장되었다. 1860년 윌버포스와 헉슬리의 공개 토론이 있었다. 1925년 미국에서는 스코프스 재판 후 과학과 종교의 양극화에 엄청난 영향을 주었다. 주전 3세기의 에피쿠로스 사상은 자율적 세계를 주장한 것이다. 중세 중산계급의 등장으로 에피쿠로스주의는 복귀된다. 그 결과 이신론이 일어난다. 정치영 역에서 더 정확히 나타난다.

* 서구 세계에서 기독교 세계관을 다시 세워야 한다. 예수님을 통한 새로운 창조 모범과 기독교적 우주 생성론을 찾아야 한다. 그리스도를 중심하여 과학과 신앙의 세계를 통합할 수 있다. 만물이 그로 말미암아 지어진 것이다. 창조주 하나님은 예수를 통해 새롭게

창조하는 프로젝트를 시작하셨다. 하늘과 땅이 마침내 통합되는 프로젝트다.

이 시대 새로운 악의 문제에 대한 성경의 응답

* 악의 문제에 대해 예전의 논의 방식은 형이상학적 혹은 신학적 수수께끼를 제시했다. 진보가 승리한다는 사상은 세계대전과 아우슈비츠로 인해 무너졌다.

* 성경에서 바다를 제거하는 상징은 하나님이 마침내 세상을 바로 잡을 것을 말한다. 마침내 악의 문제가 풀릴 것을 예언자들은 '칼을 쳐서 보습을 만들게 된다'고 말한다. 하나님의 주권적 행위로서 길이 열리며 이를 위해 하나님이 값비싼 대가를 치르실 것을 성경은 말한다. 하나님은 신실하지 못하는 이스라엘 역사에서 신실함을 보여주신다.

* 속죄 신학의 십자가는 세상의 정치적, 사회적, 개인적, 도덕적, 정서적 악을 해결하는 장기 계획의 절정으로 예수 그리스도를 말한다.

* 우리는 세상에서 하나님의 승리를 실천하라는 부름을 받았다. 십자가는 구속 과정의 시작이고 승리의 수단이다. 하나님의 고난당하는 사랑은 하나님 백성의 삶 가운데서 성령에 의해 다시 펼쳐진다. 바로 이것이 세상의 악에 대해 하나님이 주신 해답이다.

우리의 정치는 너무 협소하다.

* 200여 년 동안 서구 사회가 공공 생활에는 하나님이 적절하지 않다고 가정해 왔다. 암묵적인 공적 무신론, 나중에는 명시적인 공

적 무신론에 자리를 내줌으로 서구 민주주의는 민심은 천심이라고 정당화했다. 기독교 복음은 정치적 중립화가 되었다.

* 윌버포스는 성경에 기초한 정치비판을 했다. 성경의 지혜가 세속주의와 근본주의 중간의 길로 나가게 한다. 복음서의 중심 메시지는 하나님 나라 메시지다. 하나님의 주권적 통치사상은 무정부주의나 민주주의를 판단한다. 예수님은 인간을 구원하여 그분의 구원하는 사업에 동참하게 하신다. 주님은 생명을 대속물로 주는, 세상과 다른 방식을 제시하신다. 그리스도론을 소홀히 하지 않으면서도 동시에 정치적 의미에도 초점을 맞춰야 한다.

* 교회가 하나님 나라 사역을 위해 정의와 자비의 사역, 아름다움과 관계의 사역을 실천 촉진해야 한다. 교회는 타협하지 않고 협력하는 방법을 배우고 이원론에 빠지지 않고 비판하는 법을 배워야 한다.

* 교회는 후기 계몽주의의 독재 정치에 대한 대안과 포스트모더니즘 이후 시대를 열어가야 한다. 공공영역에 활동하시는 하나님을 인정하고 정치제도, 정치체계를 깊이 생각해야 한다. 근본주의의 날카로운 확실성, 세속주의, 날카로운 부정, 불가피하게 시작된 허무주의의 포스트모던적 반응을 넘어 성경의 온전한 특징과 지혜와 도전을 얻기 위해 성경 주석적 방법을 개발해야 한다.

내일의 세계에 참여하는 방법

* 골로새서는 모든 분야에 있어서 가장 높은 주님을 가르친다. 하나님은 예수님을 진정 따르는 공동체를 통해 세상을 바꾸시며 성령은 우리의 증언을 통해 일하신다. 세상의 불의를 드러내면 세상의

15. 세계관 준비

심판이 잘못되었음을 깨우쳐야 한다. 요한복음 21장에서 새로운 만남, 새로운 위탁, 이것을 기독교는 매일 매주 경험해야 한다. 포용적 수용자세로 승리를 거둔 주님의 미래로 나가야 한다.

종말에 대한 환상과 하나님의 아름다움
* 대재앙, 남은 자, 휴거 등 종말사상을 넘어 성경적 종말은 현재를 뚫고 들어오는 하나님의 미래에 관한 것이다. 창조 세계의 포기가 아니라 창조 세계의 갱신과 회복을 말한다. 계시록의 생명나무의 아름다운 완전은 여러 연구 도전 분야를 생각하고 실천함에 영향을 제공해야 한다.

박병수 님의 《철학의 흐름》이란 도서에서 내용을 정리해 봅니다.

흐름
* 윤리와 종교적 시대에서는 어거스틴 전까지 700년간 도피적 성질을 가진다. 스토아학파는 부동심의 유지를, 에피쿠로스학파는 영구적인 쾌락을, 퓌론은 판단중지, 곧 무관심을 강조했다. 플로티누스는 유출설로 근원적인 하나에서 나온다는 것으로 인간 중심에서 신 중심으로 변화되게 된다.

* 중세철학
* 희랍과 로마적 세계가 된다. 교부철학 시대는 희랍철학과 기독교의 결합이다. 그노시스파는 지식이 신앙에 앞섬을 강조했고, 오리겐은 플로티누스의 일자 개념을 중시했고, 어거스틴은 원죄설을 강

조했다. 인간 의지가 하나님을 거역하며 은총에 의한 구원과 신앙이 이성에 앞서며 신의 뜻이 실현되는 것이 역사라고 본다. 기독교 교리의 합리적 설명은 스콜라 철학이 담당했는데, 속박을 느끼는 면에서 자유를 추구한다. 안셀무스는 신앙이 지식에 의해 보증된다고 보았다.

　* 중기 스콜라시대는 인노센트 3세에 의해 군주권과 교권의 충돌이 있다. 수도원 운동은 프란시스파는 주의적, 도미닉파는 주지적임을 강조하며 토마스 아퀴나스가 나타나 아리스토텔레스 철학을 기독교화한다. 형상이 질료에 의해서 창조되는데 질료도 신에 의해 창조된다고 본다. 둔스 스코투스는 주지적임을 거부한다. 오컴은 보편은 기호일 뿐 실재는 개별이라고 주장한다. 에크하르트는 신비주의로 스콜라주의를 무너뜨린다.

* 근대철학

중세철학에 반대로 일어난다. 지상을 중시하며 자연철학을 강조한다. 지리상 발견과 상업 발전이 영향을 준다. 인간 중심적 재생을 추구한다. 인간의 정신적 감성적 역사적 성질을 중시한다. 독일의 종교개혁은 개인의 신앙생활을 강조한다. 코페르니쿠스의 태양 중심의 일원론, 브루노는 물질 속에 신이 내재함을 강조하며 물질적 세계의 가치를 강조한다. 영국경험론과 자연과학 발달과 계몽사상으로 독일철학의 요소가 중시된다.

베이컨, 데카르트의 영향으로 '지식은 힘'이라는 생각과 기억이 쌓여 경험이 됨을 중시하며, 스피노자의 범신론과 기계론적 세계관은 자연과학적 세계관을 강조한다. 로크의 복합관념, 버클리의 물체는 관념의 집합, 흄은 습관에 의한 상상력 주장, 뉴턴의 관찰의 종합에 의한 일반원리, 볼테르의 도덕을 위한 종교, 몽테스키외의 삼권분립, 루소의 자연주의가 나타난다.

칸트는 이성과 경험을 존중하며 합리주의의 독단을 회피하며 경험주의와 회의론을 극복하는데 근거는 감성을 종합하는 오성과 오성이 미칠 수 없는 이성을 구분하고 순수이성보다 더 나은 실천이성을 강조한다. 이 이성은 보편적이고 무조건적이다. 현세와 내세의 도덕 질서유지와 복과 덕의 일치에 없어서는 안 되는 존재가 신이라고 본다. 피히테의 절대자아의 관념론, 쉘링의 자연과 예술의 동일철학, 헤겔은 차별을 자기 안에 갖는 동일자요 무한자 절대자는 발전하는 사고, 즉 이념이라고 주장한다.

* **현대철학**

헤겔철학을 공격하는 막스주의, 실존주의, 실용주의가 나타난다. 세계는 비합리적이라는 쇼펜하우어, 경험과 사유를 둘 다 인정하는 헤르바르트, 경험을 강조하는 실증주의로서 콩트가 있다. 쇼펜하우어는 무한한 의지의 욕구 때문에 고통이 있기에 의지 자체를 부정해야 한다고 본다. 헤르바르트는 경험에서 출발하되 경험에만 머물러서는 안 된다고 본다. 콩트는 인간 정신이 신학적 형이상학적 실증주의적 단계로 발전한다고 본다. 유물론은 모든 현상을 물질의 기계적 운동으로만 본다. 막스의 변증법적 유물론과 다윈의 진화론 철학이 나타난다.

그러나 1860년경 실증주의에 대한 비판으로 신칸트학파와 현상학파가 나타난다. 철학의 위기를 극복하며 칸트로 돌아가야 함을 강조하는 리프만, 빈델반트는 인식의 진리성은 가치에 대응해야 함을 강조한다. 훗설의 현상학은 주관적 작용을 초월하며 의미 지향적 내재적 본질 지향을 강조한다. 비합리를 주장하는 삶의 철학, 비합리를 긍정하는 자아가 되어 초인이 되어야 한다고 니체는 주장한다. 베르그송은 부단한 창조적 진화를 강조하고 실존주의는 존재 사실, 즉 본질이 아닌 현존과 주체성과 지금 여기의 구체적 존재와 내면성과 고뇌하면서 초월을 추구해야 함을 강조한다.

성서문학연구위원회에서 펴낸 삶,《예수, 현대인》의 자료를 정리해 봅니다.

살아가는 길
* 길이란 이치, 방법, 순서, 절차를 의미한다. 바른 도리나 생활방식 인생 자체를 의미한다. 현대는 도구화, 대중화, 평준화의 시대다.
* 성경은 좁은 문으로 가라고 가르친다. 예수님은 '내가 길'이라고 가르치신다.

윤리학과 기독교 윤리
* 윤리란 사람과 사람 사이의 도리이며 인간관계의 질서다. 인성 외에 윤리 표준을 두면 타율적 윤리, 자신의 인성 속에 두면 자율적 윤리라 한다. 절대적 윤리와 역사적 상대적 윤리로 구분되기도 한다. 윤리는 어떻든 현실의 역사적 상황 속에서 사람과 사람 사이의 도리다.

* 기독교는 현실에서 하나님의 선한 뜻이 무엇인가를 묻는다. 그 근거는 기독교 신앙에 근거한다. 절대적 당위에 대응하여 지금의 선 자리에서의 살아가는 길을 추구한다.

몸의 윤리

* 우리 삶은 몸으로 이루어진다. 몸은 주어진 것이다. 이 몸을 가지고 자기를 형성하고 남과 관계하고 자연과 역사에 참여한다. 몸을 소중히 여기고 단련하고 사용하여 자기를 실현해 나간다.
* 윤리는 몸과 결합되어야 한다. 그렇지 않으면 무의미한 것이 된다.
* 몸은 죽음의 몸이다. 신앙을 통해 몸의 한계를 수용하고 하나님의 자비를 힘입으며 하나님과 사람을 섬기는 것이다. 하나님은 죄의 몸을 의의 도구로 사용하신다.
* 몸의 윤리는 종말론적이다. 몸으로 행한 대로 결산해야 한다. 복음은 몸의 한계를 넘어 자비와 용서로 대하시는 하나님을 신앙하게 한다. 이것이 믿음으로 의롭다 함을 얻는 길이다.

은혜에 응답하는 길

* 이스라엘 백성에게, 이집트의 종살이에서의 구원에 응답하기 위해 계율을 주셨다. 선택과 언약을 맺음은 은혜에 의한 것이다.
* 신자는 율법의 완성자인 예수님을 통해 새로운 계약을 맺음을 안다. 여기서 성도의 윤리가 형성된다.
* 유혹의 진상을 살펴가며 적극적으로 하나님의 뜻을 순종해 가야 한다.

예배와 기도

* 하나님은 우상을 금지하신다. 하나님의 불가시성을 강조한다. 인간은 자기 욕심을 투사하여 우상을 이룬다. 이데아, 천체, 예술, 기술, 명예 등 자기 욕심으로 신을 삼는다. 원죄의 근원이 여기에 있다.

* 예수 그리스도를 통해 하나님은 은혜, 평화, 구원을 드러내신다. 이에 하나님을 앙모하며 고백하고 감사하고 순종을 결단한다. 이 예배는 봉사의 출발점이 된다.

* 하나님 이름을 함부로 부르지 말라는 것은 오용과 만용을 금지함이다. 그러므로 하나님 이름에 대해 인격적인 책임을 져야 한다.

생명의 외경

* 성경은 살인하지 말라는 말씀으로 반사회적, 반공동체적 행위를 금지한다. 사람은 하나님의 모습으로 만들어진 본래성을 가진다. 그러므로 생명을 빼앗지 못한다.

* 더 나아가 분노로 상처 주는 일, 언어로 저주하는 일, 남의 명예를 더럽히는 일, 마음으로라도 사람을 미워하는 일을 금한다.

* 생명을 재물로 바꿀 수 없다. 생명 외경은 생명의 수직 차원, 즉 사람은 하나님의 무한한 사랑의 대상이라는 것을 의미한다.

* 현대는 생명을 욕망 충족의 도구로 보기 쉽다. 그러나 우리는 주 안에 있는 것이다. 오늘날 과제로서 자살, 타살, 낙태, 인체실험, 공해, 교통사고, 폭력, 전쟁, 고문 등의 문제점을 고쳐 나가야 한다.

성과 결혼

* 성에 대한 계명은 성 자체를 경시하거나 죄악시해서가 아니다.

오히려 성을 중시하고 성화시키기 위해서 철저하게 간음을 금한 것이다. 결혼 생활에서 남편과 아내의 인격적 결합 그 일체성을 파괴하는 행위로서의 간음을 엄금한 것이다.

* 성을 도구로 상대방을 도구화해서는 안 된다. 기독교는 몸을 '성령의 전'으로서 중시한다. 우리 몸은 하나님과 이웃에 대해 인격적인 사귐 그릇으로 사용하신다. 음행은 이것을 방해, 파괴하는 행위이다.

* 청년시절 정열을 바람직한 일에 기울여서 봉사, 학문, 직업, 운동 등에 집중하여 조화를 이루어야 한다.

* 남녀의 차이는 상호 보완성을 가지도록 창조되었다. 진실한 협력자로 인격적, 공동적 존재이다. 머리와 몸의 단어 의미는 '나는 너로 말미암아 존재한다'는 의미이다. 남녀는 자기 성을 선물로 받고 감사하며 자기에 충실하여 연대 관계로 서로 봉사해야 한다.

* 하나님이 짝지어 주셨다는 한 가지 전제만이 결혼 생활의 흔들리지 않는 토대가 되며 평안과 사명과 인내의 원천이 된다.

자기 존재

* 나라는 자기 존재의 현실은 나를 충실히 살려 남에게 뜻있는 존재가 되는 것이다. 나라는 존재는 주어진 은총의 선물이다. 목숨, 시간, 재능, 가정, 신앙 등 모두가 은총이다.

* 나라는 존재는 하나밖에 없다. 역사적으로 일회적인 생존이 허락된 한 달란트 가진 자로서 하나님과 인간을 위해 이바지함이 주어진 과제이다. 나를 향해 너라고 부르며 응답을 기다리는 하나님과 이웃을 위해 진실하게 응답하여 살아가는 길, 이것이 자기의 존재

방식이다.

운명

* 성서는 인간의 전생의 인연, 숙명, 인과응보, 윤회를 말하지 않는다. 이런 운명관은 성서적이 아니다. 그럼에도 불구하고 운명이라 부를 수밖에 없는 삶의 현실이 있다. 성경은 이런 현실을 부인하지는 않는다.

* 운명이란 불가사의한 것으로 우리 삶 그 자체에 얽혀 있는 주어진 것이요 살아가는 동안 짊어지고 갈 수밖에 없는 무거운 짐이다. 이것은 삶의 마이너스 요소로 보일 수밖에 없다.

* 운명이란 해명하기보다 짊어지고 가는 자에게 나름의 사명이 있고 생명을 주관하는 하나님의 하시는 일이 드러나는 것이라고 성경은 말한다. 운명적 고뇌를 회피하지 않고 이를 용감히 받아들이는 것이다.

* 카뮈는 《시지프스 신화》에서 부조리한 삶의 무의미한 작업을 반복해야 하는 운명을 말한다. 이래서 그는 하나님을 부인한다고 말한다. 니체도 그래서 하나님을 부인하고 영겁회귀를 의지하며 저항했다.

* 운명이 무기력과 고뇌로 삶을 파괴하는 것이 아니라 그 속에서 사명을 도피함이 아니라 하나님을 신뢰하며 의미를 만들어 간다. 예수님은 십자가를 운명으로 받아들인 것이 아니라 하나님께 순종함으로 받아들인다. 그 결과 하나님의 사랑에서 운명이 우리를 갈라놓을 수 없음을 증거했다.

자유

* 사람은 누구나 속박을 싫어하고 자유를 사랑한다. 누구든지 자주적 자발적 삶을 살고자 한다. 성경의 하나님 형상의 창조는 자유롭게 하나님과 사귀며 그 뜻을 따르기 위함이다. 그러나 인간은 그 자유를 주신 하나님을 거부한다. 그 결과 죄의 노예가 되고 만다.

* <u>그리스도를 통해 용서와 자유를 얻은 자는 스스로 종이 되어 신인을 섬긴다.</u> 자원하여 환난을 감수하며 육적 정욕과 이기심, 허영심과 싸우며 하나님께 헌신하는 자세를 가진다.

* 인간은 하나님이 주신 이성의 자유로 과학을 발전시켰으나 과학으로 인한 자유 상실을 체험하게 되었다. 법에 의한 자유가 발전했으나 더 나아가 개인적 주체적 자유가 더 근본인 것이다. 참자유는 하나님과의 관계가 근본이다.

사랑

* 사랑은 실존의 근본적인 요구이다. 동시에 사랑에 얽힌 비참한 운명을 경험한다. 에로스란 자기중심의 사랑에 의해 좌절되고 상처난 심령을 하나님은 참된 사랑으로 새롭게 하신다.

* <u>사랑은 자기애를 버리는 것이다. 하나님 사랑의 대상이 되는 이웃의 부름에 언제든지 응답하려는 마음을 갖는 것이다.</u> 바르트는 이웃이란 주체적 연민의 정을 가진 자가 이웃이요, 우리를 박해하는 자가 이웃이며, 비참한 상태에 있는 자들이 이웃이라고 말한다.

* <u>자기 몸처럼 사랑함은 자기애의 일상성, 절실성, 현실성을 이웃에게 돌리는 것이다.</u> 이웃 사랑은 위대한 희생만이 아니라 일상적이며 무의식적 사랑의 행위이다. 원수사랑은 예수님을 통한 하나님의

사랑으로서만이 가능하다.

* 사랑은 맹목적인 것이 아니다. 방임도 아니다. 아가페 사랑은 허위를 부정하고 악을 증오하고 죄를 심판하여 깨끗하게 하는 것이다. 진리를 침해하고 중립화를 하는 것이 아니다. 사랑은 사랑하는 자를 악의 세력에서 지켜주는 것이다.

* 우리 몸은 사랑으로 섬김으로 보람을 갖게 된다. 이것이 사랑의 수고이다. 더 나아가 기도로 사랑을 심화시켜야 한다.

죽음

* 죽음은 삶의 종말이다. 종지부를 찍는 것이며 죽음은 체험할 수 없고 그 누구도 예외자가 없다. 죽음은 내 삶을 유한한 것으로 한정한다. 죽음으로서 모든 관계하는 자와의 관계를 잃게 된다.

* 죽음은 내가 관계되는 사람에게 어떤 삶을 살았는지 명시하는 실존 조명이다. 삶이 사라진 것이 아니라 어떤 삶을 남겼는지를 보여주는 것이다.

* 죽음 후의 문제에서 소크라테스는 영혼 불멸을, 유대인들은 음부를, 기독교는 죄의 대가로서 심판의 죽음을 말한다. 더 나아가 성경은 죽음의 죽음을 선포한다. 예수 그리스도의 부활로 죽음의 힘에서 해방되었음을 선포한다. 부활은 육체 없는 영혼 불멸이 아니라 육신의 부활을 말한다. 이 영광은 육체에 따르는 불안, 절망을 극복하게 한다.

* 죽음에 대한 자세는 과격자가 있고 공포에 잡힌 자가 있으며 대체되는 놀음에 매인 자가 있다. 죽음은 풀 수 없는 비밀이다. 사명과 사랑으로 준비하며 후회 없이 갈 수 있게 준비해야 한다.

15. 세계관 준비

교회와 세계

* 신자라도 이 세상을 떠나서 살 수는 없다. 세계는 만인 공유의 생활환경이다. 헬라인들은 세상을 질서로 받아들였다. 성경은 하나님이 창조하신 피조물로 본다. 그래서 세계는 상대적이요, 유한하다.

* 세상을 무로 보는 사상이나 유한을 인정하지 않는 영겁회귀 사상은 성경 사상이 아니다.

* 성경은 이 세상이 하나님을 떠나 배반하고 있다는 것과 그 책임은 인간의 범죄에 있다고 본다. 사람은 세계가 창조주의 영광을 드러내야 함에도 불구하고 자신의 영광을 드러내게 한다. 그 결과 모든 피조물을 멸망의 심연으로 떨어지게 한다. 결국 세상은 하나님의 종말적 심판 아래 죽음을 짊어지게 된다.

* 그럼에도 불구하고 하나님의 구제사적 지배는 예수님을 통해 확실하게 드러난다. 오늘날 하나님은 신자들에게 화해의 사명을 맡기셨다.

* 교회는 세상에 대해 이중성을 가져야 한다. 비세속화와 세속화가 그것이다. 성도는 하나님의 도식을 따르며 세상 도식에서 벗어나야 한다. 그것이 종말론적 윤리이니 곧 종말적인 하나님 나라가 찾아옴으로 세상이 그 한계를 드러낸다는 것이며 내면적 거리를 두는 것이다. 그러기 위해 소금이 녹기 전에 짠맛을 가져야 한다. 성서적으로 세상의 상황을 분석하고 해야 할 책임을 다하는 봉사를 해야 한다.

노동과 직업

* 노동은 창조자의 뜻이요 축복이다. 타락 후 노동은 무거운 짐이

되었다. 성경은 노동을 말하고 있으며 종말을 준비하는 자는 침착히 일해야 한다고 말한다. 종교개혁가들은 노동을 소명으로 받아들인다. 더 나아가 노동은 이웃 사랑의 실천이라고 가르친다.

* 동시에 사회 전체의 복지를 해치는 탐욕을 비판했고, 막스 베버는 직업에 금욕을 말하면서 세속 부정적 금욕이 아니라 세속내적 금욕을 가르친다고 보았다. 이것이 직업을 통해 하나님의 뜻을 이루는 길이라고 보았다.

* 현대의 자본주의는 변질되어 모순을 갖게 되었다. 세속 내의 금욕과 인간으로서 공정한 노동 조건을 조성해야 한다. 부당한 착취와 공해를 막기 위해 건설적인 비판 행위도 필요하다.

국가

* 성도는 나라와 민족, 국토, 역사를 사랑해야 한다. 기독교는 하나님과 이웃을 사랑하라는 하나님 뜻과 결부되지 않는 조국애와 민족애를 부정한다. 이는 폐쇄된 집단화이며 독선과 절대주의에 빠지는 위험이라고 본다.

* 그리스인들은 국가는 인간의 이성적 본질의 최고의 완성이라고 보았고 가톨릭에서는 자연적 공동체의 최고의 발전 형태로 보았다. 헤겔은 국가는 인류 최고의 단계라고 했다.

* 성경은 위에 있는 권세로 보고 그것은 하나님으로부터 왔다고 본다. 이것은 왕권신수설이 아니라 믿는 자의 국가 수용적 자세를 말한다. 국가의 권위는 하나님의 구원 질서를 따르는 것으로 본다. 악을 행한 자를 벌하고 정의를 수호하기 위한 질서다.

* 신자는 국가가 악마화되지 않도록 부단히 지켜보고 국가의 본

래의 뜻을 이루도록 신앙과 양심으로 기도하고 비판하며 의무를 다 해야 한다.

전쟁과 평화

* 국가는 이기적 목적을 달성하기 위해 국민을 희생시키고 타국을 침략하는 전쟁을 한다. 이것은 인간 생명을 경시하는 처사이다. 더 나아가 국민 도덕의 혼란을 가져온다. 전쟁 무기로 인한 황폐화가 이루어진다.

* 전쟁 방지의 길은 각국의 세력 균형에 있다. 국가 간의 적의를 배제하고 협력하여 평화를 실현시켜야 한다.

* 철저한 평화주의가 있고 현실주의도 있다. 전자는 모든 전쟁을 거부하는 것이며, 후자는 폭력은 본질적으로 죄이나 국제적 정의와 질서를 지키기 위해서는 실력을 행사해야 하되 최소한도를 지켜야 한다고 본다.

* 그럼에도 불구하고 폭력을 저지하며 하나님 나라가 임하도록 노력해야 한다. 형제애를 키우며 악을 악으로 갚지 말고 생명을 소중히 여겨야 한다.

예수의 죽음에 대해

* 성경은 예수님의 죽음을 비극적 사건으로 보지 않고 중심적 사건으로 본다. 고난과 죽음이 예수님에게는 중심이었다.

* 그의 죽음은 인간과 약속한 구원의 실현이었다. 구약성경의 예언 성취요, 하나님 나라가 임하여 영원한 생명을 주신 사건이다. 그런고로 단순한 인간으로서 위인 예수로 생각하는 것은 바른 것이

아니다.

새로운 인간 창조

* 부활한 예수님과 인간과의 현실적인 관계는 무엇인가? 바울은 부활한 예수님을 만나 변화되었음을 증거하고 있다. 삶의 근본적인 전환이다. 동시에 예수님 이해를 근본적으로 바꾸었다.

* 바울의 삶은 고난 속에서도 기쁨과 헌신을 했다. 그 근거는 부활한 예수님과의 만남 때문이었다. 부활이 원점이 되고 그것이 접점이 되어야 한다.

소외당한 자에의 사랑

* 예수님의 치유의 기적은 기적을 넘어 새로운 인간관계를 말해 준다. 소외된 심령들에게 스스로 다가가시고 그들을 소생시켜 주신 것이다. 치유는 사랑의 만남에서 이루어진다.

* 사회 속에는 혜택을 다 누리지 못하는 자들과 스스로 딛고 일어설 용기가 없는 자들이 있다. 그들의 진정한 벗이 되려는 마음이 필요하다.

* 예수님이 율법학자들에게 노하신 것은 도착된 종교적 확신이었다. 그들의 위선을 비판하셨다. 자기만족에의 매몰을 깨우치셨다.

하나님 나라의 실현

* 하나님 나라는 신기루가 아니다. 언젠가는 이뤄지는 것이 아니다. "하나님 나라는 너희 가운데 있다"는 말씀에 근거한다면 예수와의 진정한 만남과 대화가 있는 곳이다. 인간들 가운데 있는 하나님

의 나라이니 영원한 지금이 되는 것이 고뇌의 나라 안에 있으나 기쁨과 사랑과 희망으로 살아가는 것이다.

예수는 주

* 예수에 관해서 아는 것이 아니라 예수님을 참으로 만나는 것이 중요하다. 생사를 주관하는 최고의 주로서 고백하는 것이다. 당시에 황제를 주로 불렀지만 그와는 다르다.
* 예수님의 주체성 앞에 자기의 주체성을 드리는 것이니 진정한 복종이다. 성령을 통해 시간과 공간을 넘어 예수와 만날 수 있고 대화할 수 있다.
* 예수님을 역사적 인물로만 생각함이 아니다. 예수님과 공존으로서 개개인에 삶에 구체적 관계가 이루어질 때 우리는 참 자유가 있게 된다. 예수와의 참된 관계는 나의 존재에서 생명으로 나타난다.

빅터 프랭클의 죽음과 사랑 등에 관한 저서에서 귀한 정신을 정리해 봅니다.

* 외적 생활이 내면을 충족시키지 못한다.
* 세계관과 성격유형은 깊은 관계를 갖는다.
* 세계관은 통일적 축이다.
* 심리요법은 실존분석으로, 책임성 존재로 전환이 필요하다.
* 존재는 산화 과정인가, 연소 과정인가?
* 운명적 폭력에 포기하는 이유는 생명의 권태 때문이다.
* 초의미의 신앙을 가질 때 정신위생에도 의미를 주며, 무의미한

것은 없게 된다.
* 인간 삶은 창조적 업적이다.
* 생명은 쾌락만이 아니다. 쾌감은 윤리의 등에 업힌 것이다.
* 기쁨은 상대적 감정이 아니고 지향적 감정이다. 가치의 감정을 지향할 때 기쁨이 있다. 키르케고르는 "행복의 문은 밖을 향해 열린다"고 했다.
* 사람은 독자성과 일회성에 근거하여 사명을 갖는다.
* 삶의 과정에서 창조 가치, 경험 가치, 태도 가치를 가진다. 태도 가치는 변화시킬 수 없는 운명에 대해서도 그것을 품위 있게 만드는 것이다.

비교종교

* **신관**
1. 범신론—무윤리—자연과 인간 도치
2. 힌두교—마야—내세가 확실하지 않은 자는 현세도 불안정하다.
3. 불교—사성제—고집멸도—무신—무정염
4. 기독교—Covenant—이스라엘 역사-출애굽, 약속의 땅, 포로 생활, 귀국, 구원자 탄생, 선교, 완성—목적의식적 윤리—오메가포인트
5. 이슬람—알라 복종—4대 실천 기도, 시제, 단식, 순례—코란과 칼—삼위일체 거절—일부다처

* **인간관**

  1. 이원론—육체는 감옥—금욕주의—균형—본연의 감사

  2. 기독교—Image of GOD—하나님 형상— [이성, 양심, 종교성]—SIN 원죄—sins-자범죄—good news—죄인 사랑과 수용 구원—현실적, 본질적, 긍정적 이해—선성과 원죄—하나님의 사람

  3. 불교—해체설—오온 결집이 인간 됨—[색수상행식—감각 이상 분별]—空—無我—윤회의 분별 문제—무아 해체

  4. 유교—3강5륜—충, 효, 신, 인 [충서] [극기복례]—수신제가치국평천하(修身齊家治國平天下)—권위 악용

* **고통관**

  1. 유사과학—인생 여정은 직선이 없다—건강, 지식향상, 신앙이 필수—신 포도 이론—책임 전가

  2. 기독교—구속사—창조, 타락, 구원, 완성—사랑의 징계—사랑의 단련—하나님의 선한 계획과 불변 관계

  3. 불교—겁—4억 3천 년—탈출-고집멸도-사성제—8정도—숙명과 윤회

  4. 유교—개선이냐, 완성이냐?—수신제가치국평천하—근본악의 문제—군자 해결

  * 슈바이처—비관종교[불교], 낙관종교[유교], 비관과 낙관종교[기독교]—임어당—촛불과 태양—길·진리·생명—삼위 하나님-주권, 성육, 성화

16.
자료 준비 [역사편]

　* 중요 연대를 기억하고 그에 따른 사건과 결과들을 잘 살펴보아야 합니다.
　* 역사해석은 다양하므로 주관주의에 매이지 말고 충분한 검토를 해야 합니다.
　* 역사는 산 교훈이기에 바르게 사용하면 귀한 경험적 교훈이 됩니다.

한국사

BC 2333 단군[요임금시대]
108 고조선 멸망
676 신라통일
936 고려 양천제
1231 몽고 침략/삼별초

1350 왜구침략

1443 훈민정음

1592 임진왜란

1627 후금 침략—소현세자

15-17세기 당쟁

1784 이승훈 북경 수세

1860 최제우 동학

1884 갑신정변

1885 개신교 선교사 입국

1894 갑오농민전쟁

1898 만민공동회

1905 을사늑약

1910 한일병합

1919 3·1운동

1923 관동 대학살

1937 연해주 이주

1940 광복군 창설

1948 제주도 4·3사건

1950 6·25

1945-1961 원조경제

1960 4·19

1970 전태일 분신

1979 10·26

1980 5·18

1993 문민정부

한국 교회 인물사

　1843 백홍준—로스 목사 의주 초청—의주 교인 33인 압록강에서 언더우드 선교사 세례 집례, 감옥에서 칼을 쓴 채 2년 후 순교
　1883 서상륜—솔래교회—백홍준과 친구—성경 반입, 의주에서 소문나서 솔래 피신
　1865 김자평—토마스 전도 수용—서양인 내통죄로 순교
　1866 토마스 선교사 순교—박춘권 사형 전 성경 전달받아 30년 후 마포삼열에 수세
　1886 이수정—일본에서 산상보훈에 감동—수세 후 성경 번역
　1896 서재필—독립협회
　1868 한석진—장로교회 최초 목사—장대현교회 신축
　1878 안창호—점진학교 홍사단
　1850 이상재—연동교회 장로—YMCA 활동
　1864 이승훈—오산학교
　1869 길선주—성경 신약 천 독—새벽기도회
　1869 최봉석—만주선교 헌신 올챙이 먹기. 6년 옥살이
　1874 김익두—150여 교회 건축
　1875 박관준—일본의회 진정서 던짐
　1901 김교신—〈성서조선〉
　1902 손양원—옥중 성자
　1908 이기풍—제주 선교

1940 주기철—일사각오. 7년 투옥

한국 교회사

천주교
1784 이승훈 북경 수세
1846 김대건 신부 순교
1866 대원군의 절두산 박해

개신교
1884 알렌
솔래교회—서상륜은 존 로스 성경 번역을 함께함
1885 언더우드 아펜젤러
구습 개혁—험담, 술, 주색, 축첩, 매관매직
네비우스—약자 하층 전도 강조, 정치와 격리
1900 신학운동으로 장로회신학교 협성신학교 시작, 박형룡의 근본주의와 김재준의 진보주의
1907 대부흥
1909 백만 구령
1910 한일병합
1911 105인 사건
1919 3·1운동
1920 묵시강조—길선주, 김익두, 이용도, 김교신의 〈성서조선〉
1930 기독교 사회 신조-혼인 신성, 여성 교육, 공창 폐지. 일요일

공휴법
  1937 미션 학교 폐교
  1938 신사참배 가결
  1940 주기철 일사각오
  1941 조선기독교단 구성 일본과 합병 시도. 계시록, 모세오경 삭제
  1950 6·25—교회 파괴 250교회, 납치 230여 명
  1953 기장 분열. 박태선 전도관, 문선명의 통일교
  1959 통합과 합동 분열
  1970 분단과 산업화에 따른 민중신학. 한국 기독교 문화에 의한 인간 회복과 하나님 나라 확장 필요. 교회 안주를 지양해야 한다.

라인홀드 니버의 《비극을 넘어서》에서 내용을 정리합니다.

언약궤의 성전

 * 언약궤는 하나님의 임재와 도우심의 보장이었다. 인간의 문화종교는 미국에서는 미국의 꿈의 신으로 나타나고 유럽은 봉건의 신이 나타난다. 종교가 이런 문화적 신을 넘지 못하면 다신주의가 된다. 하나님은 다윗에게 "너는 피를 많이 흘렸다"고 지적하셨다. 이 말의 의미는 하나님은 삶의 투쟁을 뛰어넘는 신이라는 것이다.

 * 인간은 생존의 투쟁 때문에 모든 인간의 승리의 허무함을 깨달아 순수한 마음으로 하나님의 성전을 지을 합당한 존재가 될 수 없다. 하나님의 성전은 솔로몬의 선에 의해서가 아니라 다윗의 불안한 양심에 의해 지어졌다. 인간의 모든 선에는 죄가 내재해 있기 때문이다. 인간의 죄를 넘어서는 하나님의 자비와 은총이 있다. 뉘우침

은 인간 몫이요 은총은 완성의 근거다.

* 사제적 종교와 예언적 종교가 나타난다. 온전한 조합은 없다. 그러나 성전에서는 심판과 자비가 선포되어야 한다. 링컨이 노예 해방과 전쟁 후 악의를 버리자는 호소는 성전을 넘는 언약궤의 정신이 보이는 차원이다.

참예언의 시험

* 한순간의 편견이나 어떤 자의 어리석은 의견이 신적 지혜로 가장되는 때를 어떻게 알 수 있는가? 거짓 예언은 개인적이고 부분적인 판단들에 궁극적 의미를 부여한다. 거짓된 안전감을 주고 자신의 기호를 법으로 삼고 자신의 야심에 평화와 안전의 근거를 두게 한다. 불안의 세상에서 자신을 확고히 하려고 법칙을 제 마음대로 정하며 불안정을 더 증대시켜 간다.

* 인간은 안전을 추구한다. 그 안전을 권력에 두려 한다. 그러나 이 안전은 부정의와 교만으로 이끌기가 얼마나 쉬운지 이해하지 못한다. 과학과 기술의 성과는 우리를 잘못된 만족감으로 이끈다. 그러나 그 결과로 더욱 불안하게 된다. 인간의 자멸상을 보기 때문이다. 영원하다고 여기는 것이 해체의 망령에 시달리게 된다.

* 도덕주의는 기독교의 원죄를 이해하지 못한다. 죄의 악순환과 자기가 그것에 연루되어 있음을 거부한다. 지배 계급은 보복에 의해 깨어진다. 인간 속의 자아 중심성은 자멸적 성격을 가지고 있다. 도덕주의는 부분의 승리를 궁극적 승리로 착각한다. 민주주의는 잘되어 간다고 하며 풍요를 내보인다. 그러나 죄의 악순환을 피하지 못한다.

* 거짓 예언자를 비판하고 예레미야는 오직 회개 외에는 어떤 안전도 없다고 선포한다. 교회는 자기들이 말씀을 가지고 있다고 안심하지 말고 우리 자신을 심판 아래 두어야 한다.

궁극적인 신뢰

* 기독교는 파국에서도 의미를 가진다. 그 이유는 <u>신뢰의 기초가 인간의 재주, 노력, 능력에 있는 것이 아니라</u> 세계를 창조하셨고 장차 세계를 구원할 하나님께 두기 때문이다. 인간의 교만은 신뢰의 기초를 하나님께 두려 하지 않는다. 기독교 내에서도 하나님의 궁극성에 신뢰를 두지 않고 인간 정신의 업적에 두려 한다.

* 낙관주의는 작은 조화를 구축하는 것이다. 인간 미덕과 능력을 신뢰한다. 인간 교만의 맹목성에 근거한 낙관주의는 역사적 파국과 위기를 가져온다. 낙관주의는 민족성 같은 관계에 근거를 두기도 한다. 그러나 선지자들은 이런 것을 넘어 의미의 원천을 말했으며, 파국의 원인은 하나님을 거부하는 인간의 죄의 불가피한 결과로 보았다.

* 개신교는 은총을 신뢰하지 인간 선을 신뢰하지 않는다. 그러나 개신교는 <u>경건한 사람을 신뢰하는 유혹에 **빠진다**</u>. 그래서 청교도적인 자기 의로 퇴화한다.

* 18세기는 이성을 신뢰했다. 과학은 인간의 고통을 덜어 줄 수 있으나 잔인한 이빨을 가졌다. 자유주의의 개신교는 합리주의와 결합시켰다. 경건과 지성이 결합되어 생기 잃은 감상주의가 된다. 최근은 가난한 자를 신뢰하라는 막스주의가 있다. 가난한 자가 신뢰를 받아 새로운 질서를 이루었을 때 가난한 자를 그치고 힘 있는 자로

변신할 것이다

* 기독교는 인간의 죄성으로 절망하지 않는다. 하나님은 창조자이자 구원자이시기 때문이다. 인간 신뢰의 환멸을 치료하는 길은 인간이 자신에 대하여 올바로 깨닫는 것이니, 이것이 진정한 회개다.

가치의 전도

* 지혜는 인간을 교만으로 유혹할 수 있다. 그들은 합리적 일관성 논리적 기준들을 근거로 세계가 하나님 세상이면서 지옥 같은 세상임을 이해하지 못한다. 인간에게 의미와 존엄성을 부여하며 인간의 유한성을 부정한다. 기독교 구세주의 신비를 이해하지 못한다. 인간이 하나님을 닮을 수 있는 능력과 인간 안에 하나님께 합당하지 못한 존재로 만드는 부패가 있다는 것을 모른다.

지식에 근거하지 않는 열성

* 근대의 특징은 이성과 자연의 신으로 계시 종교를 대체했다. 이것이 지식에 근거하고 양심에 근거한 것으로 생각했다. 몽매주의를 버리고 계몽주의를 선택했고, 결정론적인 종교적 복종에 맞서 정의를 주장했다. 콩트는 공통적으로 인정받는 원리에 의한 정신력이 공통의교육을 가능하게 하며 공통의 도덕을 형성한다고 주장한다. 인간 정신의 신성을 나누는 것으로 보았다.

* 합리주의는 인간의 열정에 근거한 낭만주의에 의해 파멸된다. 이러한 생명력이 니체의 초인으로, 피히테의 민족으로, 슈펭글러의 귀족으로, 프로이트의 무의식으로 나타난다. 그러나 이러한 힘이 정의를 만들어 낸다는 신념으로 전락하여 히틀러, 무솔리니 같은 후

손을 가진다. 낭만주의와 합리주의는 근대 문화의 심장이고 갈등의 선조들이다. 이들은 자아 숭배자가 되게 한다.

* 마르크스주의는 보편주의를 추구한다. 인간 이해관계의 평준화가 그것이다. 이것에 의해 인간 개인의 욕심은 사라지리라 본다. 그러나 스탈린주의와 트로츠키주의 갈등은 무엇인가 같은 신념을 가진 사람이지만 적이요 잔인성을 나타낸다.

* 바울은 신앙적 보편주의를 강조한다. 유대인이나 헬라인이나 아무런 구별이 없다는 것이다. 그러기 위해 인간의 의를 하나님의 의에 복종시켜야 한다. 인간적인 완전한 것들의 불완전성을 우리의 모든 덕성 속의 오점을, 모든 이상 속의 한계를 알아야 한다. 이런 겸손으로 인간은 하나임을 이루게 된다. 기독교의 겸손은 도덕적 오만을 파괴하고 의가 자기 의로 전락하는 것을 막아준다.

심판에 관한 두 비유

* 그러나 하나님 앞에서 인간 선악은 차이가 없다. 모든 인간은 하나님의 자비가 필요한 자들이기 때문이다. 높은 수준의 의는 그 자체에 특징적인 죄를 지닌다. 해론 여사는 자아는 양파와 같다고 했다. 합리주의는 인간의 완전 가능성을 내세운다. 프로메테우스적인 성격이 있다. 기독교 사상은 이런 면에서 초도덕적 면을 정당화한다. 십자가는 죄의 깊이를 보여주며 동시에 모든 죄를 자기에게로 끌어들여 묻어 버리는 하나님의 자비를 완벽히 보여준다. 심판주가 되시며 동시에 구원주가 되시는 하나님이시다.

바벨탑

* 인간은 자기의 문화와 문명의 유한성을 망각하고 그것이 최종적인 것으로 자부하려는 유혹을 끊임없이 받고 있다. 그런 면에서 모든 문명과 문화는 하나의 바벨탑과 같다. 인간이 유한하지 않은 것으로 자처한다. 이것이 죄다. <u>가당치도 않는 최종성을 주장하는데</u> 이것이 원죄의 한 측면이다

* 희랍 세계는 자기들의 도시 국가를 최종적인 형태로 간주하며 노예를 인정했고 그것은 계급 갈등을 가져왔다. 로마의 평화는 스토아 철학과 연계되는데, 로마법의 불완전성을 인정하면서 지지하는 토대였다. 13세기 유럽은 교황에 의한 통일성을 유지했다. 이 기독교 문명은 지주들의 경제적 이익을 추구하는 불완전성을 가졌다.

* 18세기에 부르주아 사회는 과학과 자연법의 자유, 평등, 형제애의 이상을 추구했다. 그러나 이런 사상은 20세기 상인층과 산업가층의 과두 독점층이 되어 의식적인 오염층이 생기게 되었다. 이에 산업 노동자들이 반역적 역할을 하게 되고 이에 마르크스주의 철학이 나타난다. 이들은 이해관계의 완벽한 균형과 계급 없는 사회를 추구했다.

* 인간은 유한성을 잊고 불멸성을 강조한다. 스파르타의 군국주의, 이집트의 피라미드, 로마의 법, 중세의 이노센트 3세와 프랜시스 신앙심, 엠파이어스테이트 빌딩, 국제연맹 등 이러한 화려한 색깔 속에 생명의 죽음을 부인했다. 그러나 인간의 유한성은 확실하다. 그 증거는 다양한 언어다.

* 성경은 창조주와 피조물의 간격을 어느 것으로도 이을 수 없다고 말한다. 하나님의 길은 인간 길을 넘어선다. <u>도덕적 태만도 도덕</u>

적 성취도 그 속에 무의식적 죄를 포함한다. 신 앞에 의로운 인생은 하나도 없다. 인간 구원은 은혜에 의한 믿음으로 의롭다 함을 얻는 길뿐이다.

* 교회는 자신이 기도하는 공동체 이상의 존재라는 사실을 인식해야 한다. 교회는 그리스도의 몸이며 그리스도는 모든 민족을 창조하고 심판하고 구원하는 살아 계시는 하나님의 계시다. 그러기에 민족적 야심에 순응할 수 없다.

성숙

* 예수님은 어린아이에 대해 말하고 바울은 성숙에 대해 말한다. 성숙하면 의미 있는 선택을 하게 되고 미래를 예견하며 모든 것을 궁극적인 것에 연결시킨다. 삶의 범위를 보다 넓은 영역으로 확대시킨다.

* 어린아이 같은 단순성, 통일성, 심원성 같은 것이 끊임없이 재획득되지 않을 경우 성숙의 더 큰 복잡성, 더 넓은 지적 범위의 자세한 지식은 죽음을 가져온다.

* 인간 속의 끊임없는 갈등 때문에 어린이 같은 순진성과 진실성 가치를 상실하게 된다. 더 큰 삶을 위하는 마음에라도 이기주의의 충동을 버릴 수 없다. 자아를 세계에 헌신한다는 구실 이면에다 세계를 지배하려는 욕망을 감추려는 유혹을 받는다. 그러기에 어른의 모든 도덕적 행동에는 부정직과 불성실의 요소가 개재되어 있다.

* 성숙한 종교는 원죄의 현실성을 인정한다. 어린아이로 머무를 수 있는 길은 없다. 오직 어린아이와 같이 되는 가능성이 있을 뿐이다. 우리는 정직하지 않다는 것을 아는 정직성을 성취하는 것을 의

미한다. 이런 때 위선으로 흐르는 것을 예방할 수 있다. 금욕주의자들과는 구별되는 성 프란시스의 유머 감각은 이웃의 인간에 대한 판단이 회개로 인해 촉발되는 용서에 의해 부드러워지기 때문이다. 더 나아가 절망에 이르지 않는 것은 세상의 어떤 악도 하나님의 선하심과 악에 대한 하나님의 궁극적 승리를 믿는 확고한 신앙을 흔들어 놓을 수가 없기 때문이다.

고난받는 종과 사람의 아들

* 이성이 자연의 충돌들을 극복하는 유토피아를 추구한다. 또한 막스의 계급투쟁의 조건으로서 유토피아를 기대한다. 그러나 이 모두는 죄의 심각성을 저버리는 사고다. <u>무정부적 왕국을 이룰 수 있을 만큼 인간 본성을 변화시킬 수는 없다.</u> 하나님 나라는 역사 너머에 존재한다. 그러나 시간을 부정하는 어떤 영원의 영역이 아니다. 하나님의 아들이 못 박히는 때도 하나님의 뜻은 지배한다.

세계 교회사

01. 하나님 손길
* 교회사는 <u>하나님의 손길이요, 성도의 순례 삶이다.</u>
* 세상은 자연 세계와 영적 세계로 구성된다. 영적 세계는 자연 세계의 원인이다.
* 인간을 구하기 위한 하나님 행위

02. 로마
* 주전 27년 줄리어스 시저의 조카인 옥타비아누스는 가이사 아

구스도가 된다.
* 로마의 평화, 도로 등은 복음 전파의 귀한 기회가 되었다.
* 유대인 디아스포라 환경은 구약으로 복음을 전하게 되었다.
* 주전 7세기부터 있어온 헬라 사상은 영적 삶을 추구하도록 영향을 주었다.
* 당시 종교 상태는 자연숭배, 신비주의 황제숭배가 있었다.

03. 오순절
* <u>교회사의 시발점은 오순절 사건이다.</u> 영적 선민이 태어난다.
* 주후 70년 예루살렘의 멸망으로 각지로 흩어진다.
* 초기 300년은 박해의 시대였다.
* 도미티안 황제는 요한을 밧모섬에 유배한다.
* 카타콤에는 선한 목자, 부활 그림이 있다.
* 초기에 베드로 제자 클레멘트, 요한 제자 폴리캅, 안디옥교회 익나티우스, 아덴 감독 쾨드라투스, 변증가 저스틴 등의 지도자가 있었다.
* 이단으로 <u>영지주의의 악한 물질론과 부활 거부, 마르시온주의는 구약과 신약의 구분, 몬타누스주의는 금욕과 성령 운동 추구와 예언의 계속성을 주장했다.</u>
* 예수 그리스도만이 바른 하나님을 아는 길이다.
* 367년 신약 정경화와 3세기 사도신경
* 로마는 군부에 의해 주장되었다. 디오클레티아누스에 의해 동서 로마가 되었다.
* 막시미아누스는 독재를 시행 303년 기독교인 공민권 박탈. 약탈과 살육으로 핍박했다.

* 콘스탄티누스는 막시미아누스의 아들과 전투 중에 십자가 형상을 보고 용기 얻어 승리 후 313년 밀라노 칙령으로 기독교 신앙의 자유를 주었다.

05. 교회의 외형화

* 교회의 정치 구조의 계급화

* 국가의 지원, 주어진 특권은 순수성을 상실케 한다.

* 예배의 외적 표현 치중, 주일의 보편화, 성경 무지, 성물 숭배에 치우침

06. 교리화

* 325년 삼위일체 교리는 니케아 회의에서 "창조되지 않은 아버지와 동질인 그리스도 고백"으로 정리됨

07. 수도원

* 3세기 이집트에서 시작됨, 율법주의적 노력이 강조됨

* 안토니우스, 기둥성자 시므온, 바실, 제롬은 교회의 세속화를 막아주었다.

08. 로마의 변화

* 410년 8월 24일 로마 무너짐. 흉노족에 쫓기는 게르만족에 침입당하였다.

* 나약해진 후예들. 무능력한 황제들. 도덕적 정의감 상실. 사회보장제도로 무위도식 생활. 특권을 누리며 교회는 깊은 영향을 주지 못했다.

제롬의 외침 "기독교인들이여, 부끄러운 줄 알라. 온 세상이 잿더미로 변해 가는데 우리는 아직 죄 가운데 있다."

* 암브로시우스—황제의 데살로니가 사람들 처형에 회개를 명함

* 제롬은 20년간 히브리어에서 직접 벌게이트 성경 번역

* 크리소스톰—단순 명확한 설교. 황후 회개 촉구로 유형

* 어거스틴—"원숭이가 인간이 하는 일을 한다고 인간이 될 수 없다"—죄를 극복하지 못하는 인간이며 성령으로 변화된다고 강조

09. 중세

* 게르만족 반달족의 기독교 개종(프랑스, 스페인, 영국, 이탈리아)

* 수도원주의와 교황제도의 영향(서방 수도원의 창시 베네딕트와 그레고리 교황)

* 800년 샤를마뉴 대제의 신성로마 제국 탄생

* 637년 이슬람의 페르시아 시리아 이집트 북아프리카 스페인 점령

* 732년 샤를마르텔에 의해 이슬람 저지

* 덴마크 노르웨이인들인 바이킹족의 약탈

* 불안 극복을 위한 봉건제도가 이루어지고 땅과 기사들을 굳히게 된다.

* 12세기 말 부와 권력에 집착하는 시대 반응으로 거지 수도사들이 나타났다. 도미니크단은 학문을, 프란시스 교단은 행동을 강조했다.

* 십자군 후에 새로운 문물 유입을 근간으로 대학이 세워진다. 파리 볼로냐와 옥스퍼드가 세워졌다.

* 스콜라철학은 안셀름에서 시작되며 신앙을 이해하기 위해 이성이 필요하다고 주장했다. 죄의 무한성 때문에 유한한 인간의 배상은 불가하므로 성육신이 필요하다고 가르쳤다.

* 아베로에스주의가 이성을 우위로 하자 아퀴나스는 이성의 한계 안에 철학을, 그 이상은 신학이 다루게 했다.

* 둔스 스코투스, 오캄은 아리스토텔레스로 인한 초자연의 영적

세계에 무관심과 철학을 부인했다.

* 중세권력은 세속권력과 교회권력이었다. 외적 침입을 교회의 중재로 해결하자 교황이 존경받게 되고 선교를 장악하며 그레고리 1세는 이를 확고히 했다.

* 샤를마뉴 대제 대관식, 콘스탄티누스 증여문서 사건, 교황들의 갈등 세금 문제, 카노사 굴욕 사건, 1305년 교황청의 프랑스 아비뇽 이전 사건으로 교황권이 하락하였다.

* 십자군은 1095년 우르바누스 2세에 의해 시작된다. 5년 후에 살렘을 점령 살렘왕국을 건설 90년간 지탱한다. 1185년 갈등과 분열 상태에서 이집트의 살라딘에게 정복당한다. 1291년 십자군은 종결된다.

개혁

* 성경으로 돌아가려는 운동—에칼트의 신비주의 영향, 호루테의 일상생활 형제단의 영향, 아 켐피스와 에라스무스의 영향이 지대했다.
* 교회 근본 개혁을 추구한 자들은 얀 후스, 옥스퍼드의 위클리프 등이었다.
* 요한 23세의 면죄부 판매, 후스의 사형은 큰 도전이 되었다.
* 사보나롤라의 가톨릭의 개혁운동이 시작되었으나 화형당한다.
* 문예부흥은 고전과 인간 자신에 깊은 관심을 가졌다.
* 화폐 사용으로 중산층이 일어나며 상업 안정을 위한 중앙집권 정부를 요구했고 국가주의가 나타난다.
* 아비뇽 교황청의 부패, 흑사병 유행, 두 사람의 교황으로 교황권이 실추되었다.

* 동로마의 유스티니아누스 황제의 교회 지배와 동로마의 성령이 성부에서 오신다는 신조는 서방의 성부와 성자에서 오신다는 고백과 달랐고, 서로마의 동로마 주교 파문으로 동서는 분열되었다.

* 개척이 정체되고 이슬람의 팽창, 주민 사이의 계급적 갈등, 흑사병의 불안, 영국과 프랑스의 백년전쟁, 소비사회로의 변화, 안식과 도덕을 주지 못한 가톨릭, 유럽은 새로운 시대를 추구하게 된다.

* 독일중앙집권 세력이 약화되고 지방 영주가 강했다. 이 상황은 개혁에 유리했다. 1517년 루터의 95개조 반박문이 붙게 되었다.

* 루터는 인간의 의로서는 구원을 얻을 수 없다, 에라스무스의 자유의지도 거부하며 인간은 노예의지를 가지고 있다, 은혜로만 의지의 변화가 온다고 주장했다. '그리스도인 귀족들에게'의 글에서 교황의 청빈과 겸비를 강조하고 '교회의 바벨론 포로'에서는 의식들의 오용을 지적하고 '그리스도인의 자유'에서는 성도는 예속되지 않는 자이며 동시에 봉사의 종이라고 강조했다.

* 카롤 5세에 의해 보름스 국회에서 추방령이 내렸다. 프리드리히에 의해 보호 10개월간 신약성경 독일어 번역이 이뤄졌다.

* 츠빙글리는 신플라톤주의와 많은 접촉을 통해 세계를 경시하며 인문주의 사상을 추구했다. 예지예정론을 주장하고 성만찬의 상징설을 가르치고 세속 질서에도 적극 관여하며 스위스에서 급진적 개혁을 이끈다. 그러나 과격은 무질서임을 강조했다.

* 칼빈은 법률을 전공하고 《기독교강요》를 저술하고 인간을 알기 위해서는 하나님 지식에 자기를 비추어 보아야 한다고 말한다. 시조의 불신앙과 사망의 저주는 대속을 통한 용서와 자녀 됨이 회복되어 하나님을 사랑하고 감사하게 된다고 강조했다. 무법한 제네바 시

를 성화 실천으로 변화시켜갔다.

* 재침례파는 과격한 성경 이해로 분리주의적 모습이 되었다. 두 번 태어남을 주장하며 유아세례를 거부했다. 절대평화 절대평등으로 당시 사회와 이반되었고 교회와 국가를 분리했다. 성경 문자 집착. 극단적 종말사상, 망상가인 존의 지도, 신비적 체험, 사랑 실천 등을 강조했고 펜실베이니아로 피하여 메노나이트 공동체를 이룬다.

* 영국 종교개혁은 헨리 8세의 교황 거부, 그 후 피의 메리에 의한 개신교도들 처형, 그 후에 국왕을 머리로 인정하며 칼빈주의를 취했다. 이때 더 깊은 신앙 추구를 원하는 청교도들이 생긴다.

* 스코틀랜드는 녹스에 의해 교육으로 개혁을 추진해 나갔다

* 16세기는 갈등의 시대로 가톨릭의 트렌트 공의회. 종교전쟁이 있었고 화해의 낭트칙령도 있었다. 희망봉 발견, 자본주의 발생도 가해졌다

* <u>1555년 가톨릭의 역종교개혁</u>이 시작되며 케서린의 신비주의의 영향과 로욜라의 예수회 종교재판과 금서 목록으로 다스렸다.

* 프랑스의 30년 종교 내란, 1572년의 바돌로매 축제 시의 위그노 살해, 낭트칙령의 취소 등 핍박 후에 1787년 루이 16세가 종교 자유를 선포한다.

* 베스트팔렌 조약으로 종교전쟁은 마무리된다. 신앙 열정은 사라지고 국가적 이익만을 추구하게 되었다

* 영국 엘리자베스 시대 청교도들이 국교회의 개혁을 추구 <u>칼빈주의를 근간하는 웨스트민스터 고백</u>, 성경을 해석하는 가장 올바른 규칙은 성경 자체라고 주장한다. 크롬웰의 지도와 찰스 왕의 처형이 있게 된다. 크롬웰의 경건 정책을 거부하며 갈등 후에 성공회로 남

게 된다.

* 16세기 말 개혁시대가 이어진다. 루터 후임자 멜란히톤의 화해적 가르침으로 본질적 요소와 부수적 요소를 구분했다.

* 아르미니우스는 이중예정을 예지예정으로 해석했다. 이를 정리하기 위해 도르트 회의에서 무조건적 선택, 제한적 구속, 완전 타락, 불가항력적 은혜, 성도들의 견인이 고백되어 정통주의가 되었다.

경건주의

* 하나님에 대한 내적 경험을 실제 윤리 생활에 나타내야 함을 강조하며 독일의 국가교회 됨과 30년 전쟁의 고통의 영향, 계몽주의 득세가 도전을 주었다. 스페네의 믿음으로 능력 경험의 생활 강조와 중생 말씀 토론이 강조되고 할레대학을 중심하여 프랑케, 진젠도르프, 벵겔에 의해 확산되었다.

미국 청교도

* 1620년 이주하며 계약신학을 강조, 산 위의 마을 구호는 의로운 나라 비전이었다. 종교를 덕으로 보는 이신론 사상이 강했다. 일부 지역에서는 가난과 방종으로 열등감과 자포자기의 상황에 이르렀다. 간절한 열정을 가진 조나단 에드워즈에 의해 1734년 대각성이 시작되어 하나님의 절대주권과 완전한 은총이 강조되었고 자발성을 나타냈고 영국에 대하여 독립을 쟁취하기도 했다.

* 교양화된 영국인들의 신앙에 도전하는 옥스퍼드의 홀리클럽으로 감리교가 일어난다. 헌신자는 웨슬리로 미국선교의 실패와 모라비안인들의 진정한 신앙과 로마서의 해석 칭의 내용에 의해 변화

되었다. 율법적인 믿음에서 복음적인 회심으로 변했다. 순회설교, 조직견고, 중생 후 죄와 싸움의 생활 강조, 조직과 교육으로 부흥했다.

* 1791년 국가와 교회의 분리, 이신론, 독립전쟁의 살벌함이 침체를 가져왔으나 야영 집회의 부흥회를 통해 2차 대각성이 일어난다. 찰스 피니는 예지예정을 강조하며 극장 집회를 하며, 오벌린 신학교를 통해 성령의 거룩함을 추구하며 신앙적 능력인 성령세례로 죄의 권능을 극복함을 강조하며 복종과 감동과 기도와 죄의식의 철저한 회개로 의지적 변화를 해야 하며, 성경 진리 이웃 사랑이 강조되었다.

19세기 유럽

* 19세기는 세상 관심이 더하며 봉사활동, 과학 신뢰, 인류문명의 발달이 강조되었다. 18세기의 계몽주의는 불신 조장, 프랑스 대혁명의 적대감, 나폴레옹의 전쟁의 혼란, 자유주의적 상인계급의 대두 거부, 가톨릭의 교회적 전통 강조로 마리아 숭배 등이 신앙을 혼란하게 했다

* 영국 사회는 빈부격차와 노동조합, 부에 대한 집착, 국교회의 부패, 진화론의 공격으로 어려웠으나 각 분야의 봉사가 강하게 되었고 대표적으로 구세군이 일어난다.

* 지식인들의 이성주의는 데카르트에서 시작된다. 자연의 정교와 심미성에 관심이 쏠리기 시작한다. 베이컨과 로크는 경험론을 강조한다. 이러한 영향은 이신론을 굳힌다. 자연법과 윤리를 강조하게 되었다. 칸트는 수동과 능동의 인간 인식 작용으로 경험과 이성이 같이 필요하며 순수이성을 넘어 실천이성이 필요하다고 강조하나 결국 이성 안의 종교가 되게 된다.

* 낭만주의는 이성 능력 중에 느낌, 꿈, 상상, 통찰력의 기능을 강조한다. 내 경험이 증거함을 강조하게 되었다. 콜리지는 칸트의 실천이성과 에드워즈의 영향을 받는다. 슐라이에르마허는 직접적인 자의식과 통찰력을 강조했다.

* 자유주의 사상으로서 랑케는 원래 사료에 근거한 객관적 기록으로서 역사를 강조, 헤겔은 역사를 이성의 발전 과정으로 보았고, 1859년 다윈의 진화론으로 스스로의 힘을 강조하는 과학과 종교의 갈등이 일어난다. 리츨은 그리스도의 인격을 통한 계시를 강조하며 도덕과 가치를 강조했고, 하르낙은 인류공동체의 사랑을 강조한다. 니체는 교회당을 하나님 무덤이라고 외쳤다

* 유럽 자유주의의 대처는 1812년에 세워진 개혁신앙을 강조하며 회의주의도 부흥주의도 지양하며 객관과 경건을 추구하는 프린스턴 신학교의 설립이었다. 1925년 포스딕의 비판으로 근본주의 논쟁이 일어난다. 1925년 원숭이 재판에서 진화론이 승리함으로 근본주의는 사분오열된다.

* 세계대전으로 이성의 자부가 무너진다. 바르트는 독일전쟁을 찬동하는 선배들에게서 충격을 받고 사람 말이 아닌 하나님 말씀에 근거하기로 결단한다. 인간 악성은 은혜만이 치유하며 하나님과 인간의 질적 차이점과 무능한 죄의 노예성을 깨달으며 키르케고르의 이성의 한계성에 영향을 받는다. 정통신앙의 축자영감이 아닌 신정통 신앙을 추구하나 사실보다 주관을 강조함으로 진리의 애매성이 나타기가 쉬워졌다.

21세기

* 개신교 국가의 발전으로 선교는 활성화되었다. <u>현대선교의 아버지 캐리</u>는 하나님으로부터 위대한 일을 기대하라고 강조하며 성경 번역과 교육 사역으로 인도 선교에 헌신했다. 1854년 테일러의 중국내지선교회, 백인의 무덤인 리빙스턴의 아프리카 선교, 1796년 헨리 노트의 방종한 태평양 섬들의 선교는 힘의 선교라는 평가로 전해진다.

19세기 미국

<u>이민과 다원종교, 산업화로 인한 도시화 혼란</u>을 틈타 이단들이 등장한다. 밀러의 시한부 종말론, 화이트의 안식일교, 러셀의 여호와의 증인, 스미스의 모르몬교가 일어났다. 동시에 무디의 복음주의 부흥회가 일어났다. 피니의 완전 성결이 강조되었고, 1901년 성령세례를 강조하는 오순절 운동이 나타났다. 20세기에는 에큐메니컬 연합운동이 나타났다. 범세계 선교운동을 위한 1910년 에든버러 대회가 열려 1960년대부터는 세상 봉사에 집중한다. 이에 대한 견해차로 진보성을 가진 NCC와 보수적인 NAE가 된다.

현대

해체주의를 주장하는 이성 이후 시대라는 <u>절대적 상대주의를 강조하는 포스트모더니즘</u>이 나타난다. 역사적 흐름은 은총과 자연의 분리에서 은총과 자연의 협력으로 다음은 인간의 한계성에 대한 은총의 베풀어짐이 강조되었다. 다시 계몽주의의 자연 강조가 나타났고 낭만과 자유가 강조된다. 20세기에 인간의 악성의 불변, 실존적 허무의식 등이 힘들게 할 때 오순절 운동과 은사주의로서 웜버의 제3의 물결이 된다. 하늘 생명으로 인한 심령 변화로 소금과 빛이 되어야 한다는 것이다. 교리와 삶의 변화, 독경과 기도 운동이 우선시됨이 강조되고 있다.

허버트 버터필드의 도서 《크리스천과 역사 해석》을 근거로 정리해 봅니다.

역사 안에서의 하나님

수세기 동안 종교적 지각을 손상시켜 온 것은 부재자 하나님, 즉 이신론적 하나님 사상이 씨앗이다. 역사의 개별적 사건들의 전체적 이유는 무엇인가? 성경은 역사의 하나님을 주장하며 역사는 약속 위에 자리하고 있다고 본다. 심판이 있으나 약속을 폐기하지 않는다. 이로 인해 이스라엘 민족은 패배와 고뇌가 역사적 창조의 계기가 되었다. 하나님은 악에서도 선을 끌어내실 수 있다.

기독교적 역사해석

유세비우스와 어거스틴은 기독교의 역사를 해석했다. 어거스틴은 인간의 드라마를 설명하며 근본적인 것에 관심했다. 그는 영적인 면을 강조하면서도 세속적 역사를 인정한다. 섭리에 융통성을 부여한다. 황제 직책은 봉사의 수단이라고 한다. 동시에 세속 역사는 어디까지나 상대적이었다. 사물 자체는 악이 아니라 그것을 지나치게 사랑하는 것이 악이다. 역사는 회귀사상에 근거할 수 없으며 목적지를 향해 종말을 향하고 있다고 말한다.

크리스천과 교회의 역사 해석

새로운 암흑시대가 오더라도 기독교는 전에 그랬던 것처럼 계속해서 고등 문명을 진전시킨다. 기독교는 인간 개성의 유일성과 가치를 주장하지 않을 수 없는 데서 오는 것이다. 철저하게 하나님 나라를 추구하고 다른 것을 그 위에 첨가해 주실 것을 기대한다.

기독교에 대한 전망

기독교는 중세기보다 초기의 사상을 기본적인 참조로 삼아야 한다. 세속주의의 만연은 기독교에 커다란 시련을 주었을 뿐 아니라 커다란 기회를 주었다. 아시아 지역의 서구화 과정은 기독교에 훨씬 더 개방적이 될 것이다. 하나님의 계시를 너무나 세속적인 것으로 만들지 말아야 한다. 코페르니쿠스를 공격했을 때 이 현상이 나타났다. 기독교의 기본은 그리스도와의 교제이다. 인간 생활의 질을 바꾸는 일에 힘써야 한다. 영적인 존재 질서를 추구해야 한다. 그리스도인들은 지적인 공식화의 합일을 넘어 사랑과 성령 안에서의 합일을 이루어야 한다. 오늘날 수적인 면에서 기반을 잃었다면 수에 동반된 나쁜 것들, 미신과 기득권 애착, 세상적인 것들을 벗어 버렸음을 알아야 한다. 신념과 희망으로 나아가야 한다.

다가올 역사에서 크리스천

현대는 초기 10여 명의 소수의 성도가 고도로 발달한 로마에 전파하던 시대와 유사한 상황으로 돌아가고 있다. 신앙을 자기화한 자는 대결을 각오해야 한다. 주님은 자만을 큰 죄로 가르치신다. 자신도 보편적인 죄의 한 몫을 가지고 있음을 인정해야 한다. 궁극적 견해도 우주적 사랑의 감정에서 형성해야 한다. 궁극적 신비를 정당화해야 한다. 과학의 발견이 최종적인 것은 아니다. 사람들은 오늘날도 운명의 의미, 삶의 의미를 추구하고 있다. 수도승을 폐지함으로 잃어버린 명상과 사색이 다시 강조되어야 한다.

박성수 님의 도서 《역사학 개론》에서 내용을 정리합니다.

역사철학
* 역사는 객관적 의미와 주관적 의미를 가진다. 역사는 철학과의 밀착으로 정치적으로 이용당했다. 헤겔은 자료적 역사 단계, 반성적 역사 단계로 구분했다. 그는 역사의 로고스를 서술했다. 사실은 있는 그대로요, 이념은 사실의 설명자일 뿐 개혁자는 아니다. 역사철학은 표면적 현상의 단순한 내면적 이해다.
* 헤시오도스는 퇴보론을 말하며, 플라톤은 원위치로 다시 순환한다고 보며, 드레이는 나선형 발전으로 본다. 도슨은 비전을 강조 근시와 원시 자세를 강조한다.

기독교 역사관
* 기독교 사상은 서양 역사철학의 근간을 이룬다. 기독교 자체가 역사적이다. 인간의 원죄와 신의 은총 간에 상관관계를 가진다. 헤겔은 이원론을 극복하고 신의 섭리의 실현이 곧 세계사라고 말한다.
* 기독교는 사랑과 원죄 구제사 개념을 가진다. 어거스틴은 로마의 멸망이 기독교의 멸망이 아님을 강조한다. 신국은 역사 밖에 있는 것이 아니라 역사 안에 살아 있다. 육체는 원죄로 말미암아 영혼

을 거역하지만 인간은 구제될 수 있는 것이다.

순환론적 역사관

* 다닐렙스키는 단생적 문명군과 전달적 문명군으로 나누고 역사 발전과정은 다년생 식물의 생애와 유사하다고 하였다. 성장기는 무한하나 개화와 결실기는 짧다.
* 슈펭글러는 《서구의 몰락》에서 문명은 생물체로서 필연적으로 노쇠하여 수명을 다한다고 본다. 문화는 유기체라고 본다.
* 토인비는 도전과 응전을 강조한다. 창조적 소수자의 역할도 강조한다.

인과관계

* 한 가지 원인으로 이루어진 사건은 없다. 대중은 정치적 승자 앞에 굴복하지만 역사가는 대중적 비굴을 조소하고 그것을 넘어서는 도량을 가진다. 역사는 인간의 비논리적인 행동의 결과이다. 완전한 설명이 불가하나 완전한 설명을 위한 노력을 계속해야 한다.

가치와 윤리

* 트릴쥐는 우리는 역사로부터 우리의 윤리를 얻고 우리의 윤리로 역사를 판단한다고 했다. 그러나 파스칼은 우리가 판단을 내릴 때는 신의 입장에 서야 하는데 누구나 신이 될 수는 없다고 했다.
* 과거의 시대를 되도록 그 시대의 관련 속에서 이해하려 노력하지만 제2의 단계로 현재에 있어 타당하다고 믿어지는 기준을 채택하지 않을 수 없다.

예언

* 한 사람의 미래관은 대체로 그 과거관과 일치한다. 19세기는 대체로 다윈의 진화론의 영향을 받았다. 그러나 20세기는 낙관론이 무너지고 회색 미래관이 등장한다. 단기 예언보다 장기 예언을 고려해야 한다.

교훈

* 과거의 사건은 반복되지 않으나 인간 생활이 진행하는 가운데 반드시 유사한 일이 일어난다. 역사가는 이런 면에서 큰 책임을 안고 있다. 독일 국민은 지난날 역사가들이 내린 엉터리 진맥을 후회하고 있다.

* 훈시를 따르면 길이 멀고 사례를 따르면 가깝다. 훈시는 들을 수 있으나 사례는 볼 수 있다. 그리스인은 훈시에, 로마인은 사례에 강했다. 시세로는 역사는 과거의 증인이요, 기억을 되살려 주는 활명력이요, 생활의 지침이요, 진실을 밝혀 주는 빛이라고 했다.

근대사학

* 르네상스 후에 발라는 사료 비판법을 적용, 콘스탄티누스의 위조문서를 밝혀냈다. 마키아벨리는 귀납적 역사서술을 했고, 베이컨은 엄밀한 사료비판을 했으며, 18세기 계몽 사상가들이 나타났고, 볼테르와 몽테스키외는 합리주의적 자세를 취하며, 19세기 낭만주의는 과거에 대한 공감을 강조했으며, 랑케는 단순한 박식이 아니라 연속성을 확인해야 한다고 강조했으나 그의 국가주의는 역사학을 고증학으로 변하게 했다. 프랑스의 타이리는 역사에서 단 한 구절이

라도 끈기 있는 조사를 강조했다.

* 버터필드는 해석 없는 고증은 역사연구로서 불완전하고 고증 없는 해석은 독단으로 본다. 현대는 사상사를 강조하며 경제사도 강조된다. 크로체는 사상을 강조하며 역사학은 지적 직관에 의존하는 학문이라고 주장한다.

* 세계대전 후에는 위기의식으로 연속성보다 단절성을 강조했다.

웰즈의 도서 《역사》에서 정리해 봅니다.

1. 수메리아 이집트

기원전 3000년대 이집트 문자는 설형문자로 알파벳의 기원이 된다. 메소포타미아에는 몽고 훈족 셈족이 있었고 수메리아 문자를 썼으며 기원전 1800년대에 함무라비 법전이 있었다. 함무라비 시대에 아브라함이 있었고 솔로몬의 번영을 거치며 포로 귀국 후 회개로 단결된다. 예언자들은 성경을 집성하고 신전 하나님을 지양하고 정의의 하나님을 강조한다. 이사야 선지자는 예언의 극치인 세계평화를 강조한다. 성경이 유대인을 만든 것이다.

2. 그리스인

기원전 800년대 알파벳 글자를 사용했고 공동 사회를 지향하는 올림픽이 있었으며 제한된 민주주의로서 공화주의가 있었다. 최초의 철학자들인 지혜자들이 있었고 490년대에 페르시아 침략에 승리했다. 소피스트에 의해 토론 기술이 왕성했으며 427년 플라톤은 정치 이상향을 제시했다. 아리스토텔레스의 논리학은 1,500년간 영향을 주었다.

3. 알렉산더는 마케도니아 필립 군주가 암살됨으로 20세에 왕이 되었다. 페르시아 전투에서 승리하고 323년 사망한다. 알렉산드리아 도서관을 건립했다. 로마의 침략을 받는다.

4. 인도

기원전 2000년 범어를 사용했다. 석가모니의 영향을 받으며 탐욕을 탈피하여 열반에 들어가는 내관법을 강조했다. 아소카왕은 불교 정신으로 통치했다.

5. 중국

기원전 1750년 상왕조 시대가 있었고 <u>기원전 600년대 공자의 가르침</u>으로 군자가 강조되었다. 노자는 금욕 소박 신비를 강조했고 북쪽은 유교 남쪽은 도교가 성행했다.

6. 로마

기원전 600년대 귀족주의에서 공화정으로 변했다. 264년 카르타고와 로마의 전쟁인 포에니 전쟁이 3차 있었다. 300년간 귀족 원로원 통치가 있었고 <u>스파르타쿠스의 노예반란이 있었다.</u> 유급 군인들이 있었으며 옥타비아누스는 최초의 황제가 되었다. 노예들은 농사나 군인 비서로 쓰였다. 자유의 부재로 로마 멸망의 실마리가 되었다.

7. 기독교

만인의 아버지로서 하나님을 말하며 편협성을 넘어 세계상을 가진다. 콘스탄티누스는 콘스탄티노플(비잔티움)로 도읍을 정한다. 기원후 455년 훈족의 로마 점령이 이루어진다. 5세기 기독교는 교사와 책으로 야만인까지 교화시킨다.

8. 중국

6-9세기 수나라 당나라의 시대. 개방적 문화를 이끌었다.

9. 이슬람

7세기 유대 사상을 흡수하였다. 629년 메카를 지배하며 동포애와 평등을 강조했다. 대수와 화학 단어를 남겼다.

10. 봉건제도

9세기 샤를마뉴는 신성 로마 제국을 회복한다.

11. 로마교회

1000년대 십자군 전쟁으로 예루살렘 재탈환한다. 12-13세기 교황의 시대로 그레고리 7세와 헨리 4세의 투쟁이 있었다. 왈도의 소박생활과 프란체스코의 검소 생활로 영향을 끼쳤다. 독일의 프레드릭 황제와 교황 인노센트 3세의 충돌이 있었고 교황청의 아비뇽 시절이 있었다.

12. 몽고
1214년 칭기즈칸이 북경을 정복하여 원나라를 세운다.

십자군 후 무역 부흥했고 경험 과학이 긍정되며 11세기 대학이 세워진다. 1272년 마르코폴로의 중국 여행이 있었고 1517년 루터의 종교개혁이 있었고 영국은 찰스 1세의 사형이 있었다. 16세기는 과학적 지식이 축적되어 발명품들이 생겨난다.

13. 미국
1776년 독립전쟁
1788년 헌법 초안

14. 프랑스
1787년 프랑스 혁명 1805년 나폴레옹의 영국 넬슨에 패배 1811년 러시아 침략 패배

15. 18세기
물질 운동에 관심. 1880년 전기학 발전

16. 근대
막스 사회주의. 애덤 스미스의 자유 무역 사상. 미국 1860년 남북전쟁. 1870년 독일이 프랑스 알자스로렌 침략 1900년 식민지 쟁탈전 아프리카 분할. 아시아 식민지화 쟁탈. 1918년 종전 후 낙관주의와 행복감 가짐. 윌슨의 14개조와 여성 투표권 인정과 경제발전을 가져

왔다. 1929년 대공황. 히틀러 등장. 1930년 루스벨트의 뉴딜정책. 스탈린의 숙청정책. 1939년 독일의 폴란드 점령. 1940년 영국과 1941년 러시아 공격. 일본은 진주만 공격, 1944년 연합군 로마 탈환, 8월 6일 히로시마 원자탄 투하

17. 전후

<u>1945 국제연합.</u> 미국의 마샬 플랜으로 외국원조. 1949년 북경 공산당 접수. 서방국가 북대서양조약기구 구성. 1950년 6·25

자료준비 [윤리편]

* 신앙인은 신앙의 은총에 근거한 인격과 생활을 추구해야 합니다.
* 시대와 상황을 고려하기에 그에 적응하기 위한 다양한 사상도 고려해야 합니다.
* 생활과 신앙의 분리를 추구하는 이분법을 조심해야 합니다. 동시에 신앙을 도덕화하여 하나님을 경외하는 신앙을 저버려도 안 됩니다.
* 인간은 되어가는 과정으로 시간과 함께 심화되며 성화되어 감을 추구해야 합니다.

스탠리 그랜츠의 저서 《기독교 윤리학의 토대와 흐름》에서 정리해 봅니다.

헬라 윤리학

* 헬라 윤리학은 900여 년간 지탱하며 이성적 사고의 중요성을 깨우치고 영향을 끼쳤다. 플라톤은 자아실현의 윤리를 주장하며 이성의 능력을 행하는 지혜, 두려움을 이기는 용기, 자기 통제의 절제, 통합을 이루는 정의는 감각 부분이 영적이고 합리적인 부분에 복종할 때 조화를 이룬다. 정치에 있어서 귀족 정치의 합리주의를 추구하여 개인과 사회 차원을 생각했다. 쾌락을 넘어 선의 형상을 추구하도록 강조한다.

* 아리스토텔레스는 물체를 형상과 질료의 통일체로 본다. 선은 일상의 삶에서 행해지는 행동들 안에 내재된다고 본다. 인간의 목적은 행복에 있고 행복은 안녕에 있다고 본다. 인간은 본성적인 능력을 가지며 이성과 의지가 어우러져 덕을 이룬다고 본다. 자연주의에 바탕을 둔다.

* 에피쿠로스는 영원한 지식 탐구로 평안을 강조한다. 쾌락의 근거는 이성의 활동에 의한 정신적 삶에 근거를 두는 금욕적 쾌락주의다. 초자연적 개념을 거부하고 물질적 원자론을 믿어 유물론적 사고를 가진다. 세계의 이치를 개인 삶에 적용하는 신중함을 강조한다.

* 스토아주의는 물질주의와 결정론적 사고를 가진다. 보편적 이성을 강조하며 여기에 근거하여 세계시민 의식을 주장한다. 신플라톤주의는 물질적 세계와 감각적 세계로부터 궁극적인 원리로 접근해 간다. 플로티누스는 일자에서 유출론을 주장하며 일자로 귀환하는 내면으로 나가는 무아지경을 강조한다. 이를 위한 영혼의 정화를 주장한다. 금욕적이며 신비적 자세를 가진다.

고전적 기독교 윤리학

* 어거스틴은 인간의 본성적 선의 결핍을 강조한다. 선을 행할 지식만 부족이 아니라 능력도 결핍되어 있다고 본다. 헬라의 윤리적 낙관론을 거부한다. 인간 의지는 자체가 악이라고 본다. 황금 자체가 문제가 아니라 황금을 잘못 사랑하는 인간 안에 있는 것이 문제라고 본다. 정욕에 대한 해법은 <u>의지의 재조정과 애정의 재설정을 요구</u>한다. 윤리적 삶은 하나님을 향한 사랑에서 출발한다. 그러기에 하나님을 사랑하라 그리고 무엇이든지 하라고 한다. 더 나아가 <u>오직 하나님만이 우리의 애정을 교정하고 인간의 의지를 바꿀 수 있다고 본다</u>. 그러므로 우리가 윤리적으로 살 수 있는 것은 하나님의 은혜를 받을 때뿐이다. 헬라인들의 이성론을 넘어 복음으로 힘의 근원을 밝힌다.

* 토마스 아퀴나스는 플라톤주의의 실존보다 본질을 앞세움을 거부한다. 만물이 형상과 질료의 혼합물임을 강조한다. 인간은 영혼 더하기 육체라고 본다. 신플라톤주의가 가미된 아리스토텔레스주의인 것이다. 형상과 모양에서 타락은 모양이라고 본다. 그러므로 타락 후도 인간 이성은 그대로 기능을 유지한다고 본다. 이 이성이 어느 정도 윤리적 진리에 다가갈 수 있다고 보는 것이다. 그러므로 <u>헬라의 핵심적 덕에 신망애의 기독교적 덕을 강조하여 혼합적 윤리를 구성</u>한다. 죄의 개념은 이성에 반하는 것이다. 그러나 이성에 근거한 최고선을 넘고 자연법을 넘어 신법을 추구하는 것을 강조한다.

* 개혁자들에게 하나님의 의란 하나님의 자비와 은혜이다. 타락은 인간 전반에 대한 것이다. 인간적 고안은 거부된다. 율법은 일반적 기능으로 죄를 억제하는 기능을 가지며 동시에 신학적 기능으로

복음의 전주곡이 된다. 항상 죄인이면서 의인임을 깨닫는다는 것이다. 우리가 선한 것이 아니라 선하다고 판결하심에 있다는 것이다. 이 개념이 윤리의 신학적 토대이다. 루터는 두 영역의 삶으로 죄가 억제되는 율법의 영역과 용서를 경험하는 은혜의 영역을 말한다. 개인에게 집중함으로 사회영역을 제시하기는 어려웠다.

* 칼빈에게 있어서 하나님의 은혜에 대한 감사는 율법에 대한 자발적 불완전함에도 불구하고 순종으로 표현된다. 율법의 제3의 용법으로 성화가 강조된다. 자연법을 신법과 동일시하여 사회윤리를 강조한다.

기독교 윤리학과 현대 사회적 맥락

* 윤리학에 의한 공공 관심이 매체를 통해 부상하고 있다. 현대는 행위에 대함보다 존재에 관심을 둔다. 관계적인 면의 윤리를 추구하려 한다. 개인 결단보다 공동체를 강조하게 되었다. 그것은 새로운 윤리의 다원주의로 나타난다. 보편적 당위를 강조한다. 선을 향한 인간의 진지한 추구를 긍정한다.

* 기독교의 도덕적 토대는 하나님의 뜻인데 일반 윤리학은 인간 중심성이 결정적 흠인 것이다. 일반윤리는 인간의 자기실현이 목적이다. 기독교 윤리학은 자연 윤리학을 변혁해야 한다. 그 목표점은 공동체다. 하나님의 성품을 근거로 삼기에 법을 넘어선다. 자연주의 윤리학을 긍정하나 위험성도 안다. 기독교의 종말론은 당위와 현실을 결합시킨다. 성품에 관심을 집중하면 개인화에 머무르게 된다. 기독교의 온전함이란 하나님 자신의 신실함이다. 공동체의 충만성을 교회 공동체에서 구현해 내야 한다.

기독교 윤리학의 토대

* 예수라면 어떻게 살까는 제자도를 생각하게 한다. 계시에 근거한 타율이 있으니 칼빈은 삶을 재형성하기 위해서 성경의 다양한 부분에서 한 규칙을 골라내어야 한다고 강조한다. 주의할 일은 율법을 상황과 맥락에 근거하여 이해하는 것이다. 동시에 외적 명령의 단순한 추종을 넘어 진심 어린 응답을 추구해야 한다.

* 자율적 자세가 있으니 내재하는 이성의 빛이 의지로 하여금 보편적 법을 결정하도록 인도한다는 칸트의 생각을 주장한다. 기독교에서는 그리스도인은 성령의 수납자라고 주장한다. 매 순간 하나님의 뜻하시는 바를 끊임없이 수행하는 것이 선하다는 브루너의 주장을 강조한다. 그러나 이 사상은 중생한 개인 속에 여전히 남아 있는 악한 충동을 고려하지 않은 것이다. 다시 말하면 타율적 접근법은 성령을 말씀으로 축소시킨다. 자율은 성령을 너무나 쉽게 말씀과 분리시킨다. 신율적 방법은 기록된 말씀과 내면의 성령을 동시에 끌어내는 것이다. 성경은 윤리를 항상 하나님 앞에 하나님 아래의 삶으로 이해한다. 인간은 자체만으로 존재할 수 없으며 하나님과의 관계 속에서 바라본다. 진정한 기독교적 관계의 전형은 주 예수 그리스도이시다. 윤리적 문제는 개인을 넘어 총체적이어야 한다. 창조계에 화해의 교제를 갈구하며 매 순간 증진시켜 가야 한다. 기독교인은 불가능한 가능성을 추구하며 승리주의를 조심하며 하나님 역사의 동반자로 살아가야 한다.

고범서 님의 저서 '개인윤리와 사회윤리' 자료에서 정리해 봅니다

실존으로서 인간의 운명

* 실존주의가 꽃피게 된 이유는 현대에 있어서 인간의 위기 때문이다. 두 차례의 세계대전은 인류의 진보라는 상을 깨뜨려 버렸다

* 키르케고르는 로고스화할 수 없는 파토스적인 인간 실존 본질적 이념으로 환원시킬 수 없는 구체적이고 개별적인 실존을 파악하려 했다. 영원의 상 아래서의 인간이 아니라 시간의 상 아래서의 인간, 추상적인 순수아가 아니라 죄 때문에 고민하며 이것이냐 저것이냐 엄숙한 현실적 선택과 결단에 직면하는 인간을 파악하려 했다.

* 실존으로서 인간은 부정적 인간인 동시에 초월적 인간이다. 유한성과 부정적 면을 회피하지 않고 응시함으로써 초월자와의 관계를 회복하고 자신을 확립하려고 하는 것이다.

* 키르케고르는 윤리적 무력에서 신앙에로 비약, 하이데거는 기술로 인한 존재 망각에서 깨움으로, 사르트르는 미래를 향해 자기를 투기함으로, 야스퍼스는 나까지 포함되는 포괄자 전체자와의 관계를 추구, 마르셀은 인간에 대한 사랑과 교제의 희망을 강조한다.

실존철학의 윤리성

* 체계의 철학은 성실성의 결여와 허위와 기만이라고 본다. 전체와 무 근원을 생각하기에 초월적인 근거가 없이는 지탱이 불가하다. 인간 최고의 교제는 신과 인격적으로 직면해서 자기의 본연의 존재를 확보하는 것이다.

* 하이데거는 불안은 세계 내 존재 그 자체라고 보며 단독자로서 무에 대결한다. 이에 대해 선구적 결단을 행해야 한다. 세계를 떠나는 것이 아니라 세계 내 존재로 타인과 공존한다.

＊ 야스퍼스는 궁극적 존재와의 관계에서 자율인이 되며 고정 절대화의 길을 버리며 진리에로의 길을 추구한다. 진리는 호소와 토의의 성격을 갖는다. 인간은 초월자에 의거한 무한한 가능적 존재이다.

칸트의 근본악

　＊ 철학자들은 인간의 선성을 강조하며 이원론적으로 해석 수용하는 스토아, 마니교, 인간 유한성 때문이라는 스피노자, 실존주의 철학자들은 죄책을 실존의 한계성으로 주장한다.

　＊ 칸트는 인간의 깊은 밑바닥으로 들어가 근본악을 본다. 죄는 인격적 사실이요 인격의 핵심이라고 한다. 칸트는, 인간은 이성과 감성의 이중성을 갖는다고 말한다. 인간이 상주할 수 있는 도덕적 상태는 전쟁 상태에 있는 도덕적 심술 상태다. 인간성의 취약성과 불순성을 개탄한다. 인간은 의무의 법칙을 근본적으로 파괴하는 성벽을 가진다. 인간은 주체 속에 보편적으로 존재하고 있는 도덕적으로 악한 특수한 격률의 근저, 선험적인 근저를 가진다. 이것이 인류의 성격이다. 그러므로 인간 심술의 혁명을 단행하지 않으면 안 된다.

　＊ 근본악의 대결은 인간 심술의 관통자인 신과의 결단에서 매 순간 선에의 결단을 감행하는 종교에서 심화해 간다.

　＊ 인격의 혁명이 강조된다. 자기 절대화는 불가함을 안다. 그러므로 인간은 역사적 현실에 호응하여 부단히 자기를 새롭게 재생시켜야 한다. 이 일은 인간이 자기의 도덕적 유한성과 애매성을 철저히 자각함으로 가능하다.

상대적 윤리와 절대적 윤리의 사이

* 두 윤리는 혼합되어 있다. 그러나 보편적이고 절대적인 가치를 전제로 하지 않고서는 행동과 규범의 궁극적 정당화는 불가하다.

* 불변한 보편적 가치를 변화하는 상대적 현실에 융통성 있게 창조적으로 관련시켜야 한다. 양극단에 흐르지 않고 <u>양극을 창조적으로 종합해야 한다.</u>

* 니버의 근사적 접근주의는 신의 형상만을 강조할 때 유토피아주의에 빠지고 죄성만을 강조할 때 패배주의에 떨어진다고 본다. 니버는 양자 중 어느 하나를 택하지 않고 <u>두 입장을 종합, 기독교 현실주의를 주장한다.</u>

* 사랑의 원리는 <u>현실에 대해 심판과 구원 두 가지의 관련을 갖는</u>다. 사랑이 윤리적 실천에 미치지 못하므로 심판해 버린다. 현실의 윤리적 성취가 상대적임에도 무가치하게 무시하지 않고 사랑에로 계속 끌어올려 상승시킨다. 니버의 인간의 도덕적 노력은 사랑에로 향해서 상승적 접근을 해가는 진행적 과정이다.

본회퍼 윤리의 상황주의적 요소

* 윤리적 규범의 보편적 타당성에 대해서 회의가 발생할 수 있다. 권위의 몰락과 도덕적 상대성과 애매성, 한계상황의 속출 때문이다.

* 본회퍼 목사는 생의 한가운데 사는 것을 강조한다. 동시에 그리스도의 현실이라는 불변의 궁극적 진리를 인정한다. 역사적 현실의 한가운데 오셔서 그 속에서 참된 인간이 되신 이 그리스도를 본받고 그대로 존재하는 윤리를 형성으로서 윤리라 한다.

* <u>궁극적인 것은 죄인이 은총에 의해서만 의롭게 됨이요</u> 궁극 이

전의 것은 역사적 현실 속에 구체적 생과 그것에 관련된 것들이다. 이 둘의 관계에서 궁극적인 것만을 추구함은 급진주의요 궁극 이전의 것만을 추구하는 것은 타협이다. 본회퍼는 예수 그리스도가 이 두 가지를 통합한다고 했다.

  * 신앙은 그리스도 없는 세계도 세계 없는 그리스도도 아니다. 신앙은 초월에의 도피도 아니요, 현실 속에 매몰도 아니며, <u>현실에 대한 책임적 관계에 있어서 그리스도의 존재를 본받는 생활이다.</u>

  * 본회퍼는 창조적 예외를 강조한다. 안식일에 자비를 베푸는 것은 율법을 부정하는 것은 아니지만 그것들의 근거인 사랑의 법을 보다 높게 성취하기 위해서 범법을 감행하는 것이다. 율법으로부터 자유가 주어져서 책임 있는 행위를 할 수 있게 되는 것을 경험하게 된다.

  * 니버는 궁극적인 것과 궁극 이전의 것의 관계와 아가페의 사랑의 원리와 역사적 현실 사이에 역동적 관계를 <u>근사적 접근의 개념으로</u> 다룬다. 이 접근에서 힘의 역학관계, 사회정치적 개념을 도구로 사용 한다.

인간의 사회성과 신앙의 사회적 차원

  * 성경은 그리스도께서 교회와 세계의 주가 되심을 선포한다. 하나님의 나라는 실현되고 있는 과정에 있는 종말론이다. 지금 역사 속에서 진행되고 있으며 하나님의 능력에 의해서만 완성될 수 있는 것이다.

  * 니버는 《도덕적 인간과 비도덕적 사회》에서 개인윤리와 사회윤리 사이의 엄연한 구별을 하고 있다. 도덕성은 집단 대 집단 사이에

서는 드러나기 어렵다. 국가의 이익은 힘의 균형에 의해서 유지된다.
 * 사람은 자아가 사회적으로 형성되기도 한다. 인간은 고도의 가역성을 가진다. 신앙의 거듭남은 자기만이 아니라 사회에 의한 자아의 거듭남도 의미한다. 개인적인 죄에 대한 엄격과 사회적 죄에 대한 엄격을 중시해야 한다. 흑인 노예제도에 대해 신앙인의 반응을 보라.
 * 개인이 사회에 깊은 영향을 받는다면 인간답게 살도록 하기 위해 정의로운 사회 제도와 구조를 실현하고 정책을 수립하고 실행해야 한다.

국가 발전과 교회의 자세
 * 사회 구원 책임을 완수하기 위해 신앙의 탈 개인화 작업이 필요하다. 정치학은 가장 으뜸가고 가장 포괄적인 선에 대한 최고의 학문이다.
 * 교회의 조직적 기구를 구성, 사회 요구를 간파, 신속하고 효율적으로 반응해야 한다. 정신적 지도력과 실무적 전문가의 협동과 결합으로 추진해야 한다.

기독교의 정의관
 * 인간은 독자적 가능성을 가진다. 이 실현의 요구는 모든 사람에게 부여된 동등한 것이다. 이것을 평등하게 인정하는 것이 기본적 정의다. 자아실현을 추구하되 동시에 상대방을 자아실현의 존엄한 권리를 가진 하나의 인격으로 대해야 한다. 상대방에게 자유와 비판을 완전히 허용하면서도 서로가 상대방의 존재를 받아들이는 데

서 가능하다.

* 아리스토텔레스는 비례적 정의로 지위에 따른 차이를 말한다. 틸리히는 변혁적 정의를 말하는데, 불우한 자의 지위를 끌어올려서 해당되는 몫을 증대시키는 것이다. 끌어올리는 힘은 아가페다.

* <u>창조적 정의란 죄로 소외된 자를 용서하고 받아들여서 자아실현의 본구(本求)적 요구를 실현하는 것이다.</u> 그러므로 신의 정의는 부정의로 보일 수도 있다.

* 집단은 잔인 이기주의에 지배되기에 도덕적 호소가 미비하다. 이러기에 정치적 방법을 사용한다. 정치적 방법은 정치적 권력에 의한다. 사회윤리는 힘을 떠나서는 사회정의를 논하기 어렵다. 기득권자에 대항하는 압력과 견제할 힘이 필요하다. <u>권력남용과 악용을 막기 위해 권력의 균형과 견제가 필요하다.</u>

* 성공적인 사회정의를 위해 사회 성원의 고도의 합리적 지성과 정치적 훈련 경험이 필요하다. 더 나아가 <u>정의를 아가페의 사랑과 관련시켜 정의가 부단히 상승하는 역동적 과정이 되어야 한다.</u>

개신교 신학자들의 자연법 이해

* <u>자연법 인정에 근거한 이성 강조나 타락에 의한 자연법 부정을 넘어서야 한다.</u> 틸리히와 니버는 제한적 내지 수정적 자연법사상을 가진다. 자연법의 항존적 요소 이념을 살려 현대의 도덕적 상대주의를 극복하며 동시에 자연법의 제한된 인정을 추구한다.

* 소포클레스는 국가법과 불문법의 영원한 하늘의 법 주장, 아리스토텔레스는 특수법과 일반법 인정, 로마인들은 자연법 추구. 초대 교부들은 스토아 철학의 자연법사상 수용, 더 나아가 사람보다 하나

님께 순종하는 것이 마땅하다고 강조한다. 아퀴나스는 1. 영원한 법으로 우주 질서 2. 자연법으로 인간 이성 3. 인간의 법으로 법 4. 신성한 법으로 계시를 구분한다. 자연법은 선을 행하고 악을 피하는 것이다. 선에의 경향성을 따름이 합리적이다.

* 칼빈은 타락에도 불구하고 원의(原義)의 흔적이 남아 있다고 본다. 그러나 자연법을 부정하며 니버와 틸리히는 긍정과 제한으로 자연법 재구성을 시도한다.

* 틸리히는 윤리의 절대적 요소와 상대적 요소가 조화롭게 통일되어야 한다고 본다. 자연법이란 칸트의 실천이성이 도덕적 이상이라고 본다. 인간이 자기 소외를 아는 것은 자연법이 완전히 상실된 것이 아니라는 증거로 본다. 신율성은 초월적인 법인 동시에 인간 자신의 깊은 내적인 법이며 신성한 기반에 근거한다.

* 자연법은 보편 도덕의 원리임을 인정하나 자체로는 불완전하며 아가페에 의해 변혁될 때 완전하게 된다고 주장한다. 자연법의 정의는 비례적 정의로 희랍 사회의 노예제도를 정당화했다. 아가페는 자연적 정의를 변혁시킴으로 결함을 극복하며 각 개인의 저마다의 사정을 살피는 창조적 정의가 된다.

* 니버는 자연법을 긍정하나 동시에 비판한다. 가톨릭의 도덕규범과의 동일시는 거부하며 개신교의 자연법적 규범 거부도 반대한다. 자연법의 도덕의 항존적 요소는 받아들이되 제한된 타당성을 인정한다. 자연법의 원의(原義)로서 남음을 긍정한다. 그러나 인간의 본성을 변화시킬 수는 없다. 그것은 눈의 시력이 상실되었다고 눈이 없어진 것은 아닌 것과 같다고 본다. 원의를 현실에 실현할 수는 없으나 당위적 과제로 알아야 한다.

* 틸리히는 사랑과 정의를 거의 동등하게 본다. 니버는 정의를 사랑의 하인으로 본다. 사랑의 근사적 성취인 것이다. 정의는 사랑으로 인한 상승적 관계에 있다고 본다. 사랑을 현실에 적용하기 위한 길이 평등과 자유의 원리이다. 이것은 조정적 원리인 것이다. 정의는 사랑의 불완전한 성취에 머물러 있으나 불가분의 관계에 있다. <u>사랑의 법이 정의의 모든 역사적 실현의 상대성과 애매성을 심판하고 구원하지 않으면 정의는 정의로서 남을 수가 없다.</u>

　* 브루너는 자연법을 부정하는 것은 전체주의에 대한 길을 마련할 뿐 아니라 그것을 가능하게 한다고 말한다. 탈리케는 영원한 법과 자연법의 동일시를 주장하는 아퀴나스를 거부한다. 현대는 어디까지나 죄에 구속되어 있는 고로 자연법은 도래할 시대까지의 긴급 질서일 뿐이다. 자연법은 개인의 도덕 생활의 안정과 타락 세계의 도덕적 한계를 보여준다. 인간은 참된 선을 행할 수 있는 것이 아니라 추구할 뿐이라고 본다.

　* 매쿼리는 나치의 상대주의를 극복, 자연법의 부활을 역설한다. 상대주의와 주관주의를 극복하기 위해 필요하다고 본다. 자연법은 도덕성을 정하는 시금석이다.

　* 자연법은 상징으로 끝날 것인가, 자연법에 대한 사랑의 도덕적 차원이 중요하다. 계시는 인식의 이성에, 사랑은 실천 이성에 다른 하나의 차원을 준다. <u>계시와 사랑은 이성에 깊이의 차원을 준다.</u>

기술의 인간화 길

　* 기술은 시간 공간을 극복하게 했다. 세계는 한 마을이 되었다. 기술의 결과는 기계적 세계관과 세계적 비정신화를 가져왔다. 현대

문명은 조종 장치가 망가진 배와 같다. 그래서 기술사회의 인간화가 필요하다.

　* 하이데거는 존재는 존재 자체, 존재자는 존재하고 있는 것인데 현대는 존재자를 존재로 끌어 올렸다고 본다. 이것은 현대의 근본적 위험이다.

　* 틸리히는 기술은 깊이의 상실, 내면적 초월 상실, 우주의 자족화, 신의 제거를 가져왔다고 본다.

　* 프롬은 기술 사회 속의 위기를 보면서도 기술의 인간화를 강조하여 긍정 부정을 가진다. 기술은 효율성을 산출했으나 인간을 기계화, 소비화, 소유의 인간으로 만들었다. 산업의 인간 지배를 거부하고 인간적 경영으로 노동자가 경영자에게 자기주장을 하며 소비가 생명을 증진하는 방향으로 나가며 이 모두는 사회여론에 의해 나아가야 한다고 주장한다.

　* 기술은 무기 발달과 기술자와 반대자의 격차, 개인 권리 박탈, 국가 간 격차를 고려해야 한다. 일할 것이 없어지기에 인간의 새로운 역할을 찾아야 한다. 비인격적인 인간관계, 인간이 신국을 세울 수 있다는 주관주의에 의한 인간위협을 고려해야 한다. 종교는 허무주의와 주관주의에 대해 하나님을 볼 수 있는 법을 가르쳐야 한다. 신학이 이에 실패하면 사이비 신이 나타나 인간성과 세계를 파괴할 것이다

　* 산업 시스템의 인간 목표 밑의 위치화, 이기적 집단주의를 사회정의로 극복, 지구 관리를 위한 지구적 사회정의 실현이 필요하다.

죄의 사회적 개념

* 기독교는 죄를 존재론적으로 이해한다. 인간이 자기를 절대화하는 오만을 행한 것이다. 이것이 현실 죄의 근원이다. 법은 죄를 범할 때 비로소 죄인이 되나 기독교는 인간은 이미 죄인이기 때문에 죄를 범한다고 본다. 틸리히는 단수 죄와 복수 죄를 말한다. 현상적인 죄는 근원적인 죄의 결과이다. 그러므로 죄의 극복은 구체적 범죄 행위의 시정이 아니며 그러기 위한 제도개혁에 있는 것이 아니라 인간의 존재 방식의 개혁에 있는 것이다.

* 현상적 죄는 개인적이면서도 사회적인 것이다. 거의 모든 죄는 타인과 사회와 관계되는 것이다. 인간은 미완성자로서 가역성을 가진다. 환경의 영향이 중요한 역할을 한다.

* 죄는 사회적이다. 죄는 공범적이다. 인격 변화는 사회적 개념과 밀접하게 연계하여 이해되어야 한다. 회개는 심리적 흥분이나 카타르시스만이 아니다. 죄의 사회적 개념을 버리고 개인적 개념에 사로잡힐 때 기독교인은 위선과 자기기만, 현실 왜곡에 빠지게 될 수 있다.

하나님 나라와 유토피아

* 라우센부쉬는 사회질서의 복음화를 강조했다. 사회구원을 소홀히 해서는 안 된다. 하나님 나라는 사회정치적 개념이며 하나님의 주권으로만 완성되는 것이다. 이것은 인간 죄성을 거부하는 유토피아 사상과 다르다.

* 현대는 이데올로기의 시대로 공산주의, 자유방임주의, 경제주의를 주장한다. 종말론적인 기독교의 신국은 현재 진행 중이며 인간적 사상의 모순을 폭로하고 위험성을 막아준다. 인류의 궁극적 이념을

제시하고 동경하고 추진하게 한다.

개인구원과 사회구원

* 주님의 '가이사 것은 가이사에게, 하나님 것은 하나님께 바치라'는 것은 한편으로 합리성에 입각해서 구성된 국가적 권위, 통치권을 행사할 수 있다는 것을 보장해 준다. 다른 한편으로는 국가가 손대지 못할 하나님의 거룩한 영역이 이 정치적 국가 안에 존재한다는 것을 인정하는 것이다. 루터는 하나님은 교회를 통해서는 인간의 영혼을, 국가를 통해서는 인간의 사회생활을 위한 질서유지를 행한다고 말한다. 이런 사상에 의해 독일교회는 히틀러를 끝까지 견디다 마지막에 항거하게 되었다.

* 수신제가 치국평천하의 동양사상은 개인이 선해지면 사회가 선해진다는 것이다. 그러나 개인과 사회의 선악은 독립되어 있다고 보아야 한다. 미국 사회에서 개인적 지성을 따르지만 흑인 문제는 어려운 상태였다. 제도는 개인에 의해 쉽게 움직여지지 않는 것이다.

* 개인적으로 그리스도의 구원을 확신하지만 현실 속에서 그 가르침을 실천하는 데에 생을 바치려는 면은 부족하다. 사회정의가 흐려지고 구조적 악이 지배하는 사회 속에서 신자는 양심의 명령과 권력자의 명령이 서로 대립 충돌함을 보게 된다.

* 성도의 주체성은 현실에서 도피하는 것이 아니라 세상의 한복판에서 하나님께 대하여 책임 있는 답변을 해야 한다. 그와 동시에 삶은 도상의 존재로서 성경의 절대적 규범으로 향하는 근사적 접근에 지나지 않음도 알아야 한다.

* 사회구원을 위해서는 성도는 연대성을 가지며 계획성을 가지며

효과적 집중을 행해야 한다. 힘에 대해서는 조직화된 반대 압력이 필요하다. 성경의 종말론적 규범에 입각하여 인간이 하나님 앞에서 인간답게 살게 방해하는 것을 비판 투쟁함으로써 정의 자유 평화의 하나님 나라를 실현하려는 활동을 추구해야 한다.

니버의 기독교현실주의
  * 니버 사상의 기저는 기독교 인간관과 사회정의와 근사적 접근법인 기독교적 현실주의다.
  * 인간은 신의 형상을 닮은 피조물이요 죄인이다. 사회정의에 대한 관심은 신학적 해명보다 기독교의 중심적 진리가 인간의 사회생활이나 제도의 구성과 운영에 대해 갖는 의미에 관심을 가진다. 교리적보다 윤리적, 역사적이다. 윤리적 관심의 중요내용은 사회정의다. 사회정의를 위해 사회 개혁을 역설하고 정치적 민주주의 체제와 자유 기업의 경제 체제를 신봉한다. 국가의 힘은 입법, 사법, 행정의 3권이 서로 분산 균형을 이루어 힘의 남용을 방지하는 것이다. 자유와 평등의 궁극적 조화란 이념적 목표를 바라보고 부단히 근사적 접근을 할 뿐이다. 경제에 있어서는 자유를 지지하나 분배의 정의를 실현한다. 사회정의는 독재와 무정부 상태의 사이를 항해하는 조각배라고 표현한다.
  * 니버는 정통주의 신학은 문화적 패배주의에 빠지고 진보주의는 유토피아주의에 빠진다고 본다. 기독교 종말론은 유토피아주의가 인간적 역사적 상대적인 것을 절대화하는 것을 비판할 수 있는 비판의 근거로 본다. 니버는 원죄 사상에 근거 의인이면서 죄인이요 하나님의 형상으로서 창조적 건설적 측면을 가진다고 본다. 건설적 활

동을 통해 아가페 사랑으로 근사적 접근을 해 나갈 수 있다고 본다. 정통적 신학을 초극하고 진보적 기독교를 초극하여 신정통신학을 추구한다.

청지기 윤리

* 예수님은 하나님과 재물을 함께 섬기지 못한다고 했다. 그러나 물질은 부정한 것이 아니니 일용할 양식을 달라고 기도하라고 했다. 기독교는 물질을 부정하거나 경시하는 것이 아니고 정신과 물질 사이의 올바른 관계를 세우려는 것이다. 경제생활이란 물질의 획득과 소유의 사용과 분배에 대한 것이다. 이 일을 청지기 직분이라 한다.

* 재산은 하나님께 속한 것이며 공공사회를 위한 투자가 필요하니 곧 조세가 청지기 직분으로 거시적 윤리라고 본다. 풍부한 사회에서는 청지기의 직분이란 다른 것이 아니고 분배의 문제이다. 기독교는 물질을 지상으로 여기는 유물주의를 반대하나 물질을 부정 배격하지 않는다. 오히려 기독교 정신으로 물질까지 옳게 지배하고 사용해야 한다는 것이다.

정의와 힘

* 자아실현의 권리는 정의의 가장 깊은 근거요 본질이다. 그와 동시에 인간은 사회 속에 존재하기에 자아실현 추구는 각자의 이해관계가 충돌한다. 이리하여 정의는 경쟁하는 이해관계를 힘에 의해 조절하고 절충하게 된다. 그러므로 힘을 떠난 정의는 환상이 되기 쉽다. 힘은 악용되기 쉽다. 이를 위해 정당한 합리적인 기구와 정책을 수립하여 정의를 제도적으로 보장 실현해야 한다.

* 힘의 역학관계는 힘은 분산되고 균형을 이루며 서로 감독 견제할 때만이 남용 오용되지 않는다. 사회정의의 최선의 길은 세력 균형이다.

* 국민은 정부에 권력을 위임하거나 철회할 수도 있다. 권력은 사회 성원들이 공통으로 선택하는 가치를 실현하는 데 위임받는다. 정치적 권력은 강제력이면서 가치라고 할 수 있다. 권력은 강제력과 동시에 제한성을 가진다.

신앙의 사회성

* 성도는 하나님 나라의 실현에 가담하여 산다. 성경은 '그리스도께서 교회와 세계의 주'라고 한다. 하나님의 나라는 지금 역사 속에서 진행되고 있고 하나님의 능력에 의해 완성된다. 성도는 그 실현을 위해 하나님 사업에 가담하는 자다. 그런 의미에서 하나님 나라는 사회정치적인 개념이다

* 신학자 니버는 사회윤리와 개인윤리의 차이를 말한다. 모든 인간 집단에는 견제하는 초월의 능력이 약하며 제약받기 어려운 이기주의가 있다. 국가는 사랑과 도덕에 의해서보다 힘의 균형에 의해 유지된다고 본다. 사회윤리는 개인의 양심에 의해서가 아니라 사회제도의 변혁에 의한다고 보는 것이다.

* 인간은 중요한 타아에 의해 자기를 형성한다. 일반화된 행동 패턴을 따르게 된다. 이것이 일반화한 타아다. 인간은 가역성의 존재다. 성도는 개인적 죄에 엄격하나 사회적 죄에 무딜 수 있다. 미국인의 노예제도 추구가 그 예다. 참된 중생은 사회악의 측면까지 포함한다. 사회의 영향을 고려한다면 정의로운 정책수립을 실행해야 한

다. 개인구원은 사회구원을 떠나서 생각할 수 없고 두 차원의 조화를 추구해야 한다.

나학진 님의 저서 《기독교 윤리학》에서 정리해 봅니다

기독교 윤리학

* 윤리는 타인과의 관계, 자연 세계와의 관계를 말한다. 기독교 윤리는 더 나아가 하나님과의 관계를 말한다. 또한 하나님의 뜻을 구현한 분이 그리스도이시니 기독론적으로 윤리를 검토하게 된다.
* 일반 윤리를 기독교는 어떻게 생각하는가. 그것은 공존을 넘어 일반 윤리가 바른 중심을 가질 수 있게 변혁하는 것을 강조한다.

성경 이용

* 기독교 윤리는 성서 윤리라고도 할 수 있다. 그러나 성서 윤리가 기독교 윤리와 똑같다고 할 수는 없다. 시대의 차이와 성경 윤리의 체계화가 아닌 점과 성경해석의 다양성 때문이다. 성경을 표준으로 하되 문화적 차이를 고려해야 한다.
* 성경을 근거한 윤리는 항상 되묻는 것과 이로 인해 도덕적 통찰을 얻어야 한다. 구약성경의 윤리 특징은 하나님을 근원으로 삼으며 그 뜻을 따라 공동체를 섬겨야 함을 강조한다. 실천적 유일신론 사상이 중시된다.
* 선지자들은 이스라엘과 하나님의 인격적 관계를 토대로 언약과 율법을 생각한다. 윤리적 죄와 종교적 죄를 동시에 언급한다. 하나님의 진노와 진노를 초월한 자비를 강조하며 하나님의 공의가 강조

되며 시련의 과정에서 종말 사상이 나타나 미래 승리의 희망을 제시한다.

신약의 윤리

* 바울 사도는 인간의 육체를 부정적으로 보는 영향을 당시 사상에서 받았다고 본다. 육체란 하나님을 떠난 인간 본성을 말한다. 이로 인해 인간 안에 있는 이런 요소 때문에 도덕적인 면에서 성령의 감화로 인간의 품격이 변화되어 가야 한다. 구원은 그리스도와의 관계라는 점에서 현재에 성취되는 것이 사실이다.

* 율법과는 상관없이 하나님 의를 얻은 신자는 하나님의 은총 속에 살기에 율법에서 해방된다. 그러나 율법의 폐기는 불가하니 죄를 깨우치며 주님께로 인도하는 몽학선생 역할이 필요하기 때문이다. 일상생활에서 하나님의 뜻을 찾기 위해 율법은 필요하다.

절대성 상대성

* 윤리 판단에 상대성을 인정하며 그것을 상황성이라고 한다. 이것을 인정하지 않을 때 율법주의로 전락하고 만다. 콕스는 자신의 관점에 상대성이 있다는 것을 시인하는 것과 그와 같은 관점과 가치가 관련된 어떤 궁극적인 실제를 완전히 부인하는 것은 다르다고 한다. 가치의 상대화에 대한 성서적 근거는 시내산 언약에서 찾을 수 있다고 말한다.

* 그러나 극단의 상대화는 허무주의를 가져오고 만다. 그러므로 절대와 상대는 공존해야 한다. 절대가 있어야 상대의 파괴를 피할 수 있다.

* 무엇이 옳은가는 가치 등급으로 답할 수 있다. 가치 실현의 방법으로도 이를 답할 수 있다. 절대적 사랑의 표준에 준한 결정을 하되 하나님의 뜻에 상응하면서도 새로운 상황에 적합한, 상황을 고려한 결정을 내려야 한다. 율법의 도움을 인정하나 율법 배후의 하나님 뜻을 존중하기에 율법주의로 전락하지 않는다.

사랑과 율법

* 도덕법을 반대하는 반법칙주의는 율법주의만큼이나 위험하다. 법칙주의는 율법이나 도덕법칙을 인정하나 그 모든 것이 사랑이라는 궁극적 규범에 포함됨을 잊어서는 안 된다는 것이다.
* 사랑은 구체적으로 용서, 정의, 화해로 나타나며 이는 교회만이 아닌 세상 전체의 영역에 해당하는 것이다. 지나친 맥락론은 주관주의에 빠지기 쉽다. 그런 의미에서 사랑과 율법은 변증법적 관계이다. 아가페가 원리가 되며 율법이 지침이 되는 것이 중요하다.

양심

* 양심을 소크라테스는 불문율이라 하고, 스토아학파는 세계 이성이라 하고, 칸트는 내적인 법정이라 했다. 문제는 양심의 토대 되는 지식이 그릇되면 그릇된 양심으로 변한다. 이슬람교도들은 4명의 부인이 허락되어 있다.
* 양심은 완전하다고 볼 수 없다. 이유는 내면에 두 가지 성품이 갈등하기 때문이다. 꾸짖기도 하나 변명하기도 하기 때문이다. 결국 양심의 주역은 하나님이지 양심 자체만은 아니다.
* 인간은 자유하기를 원하나 참된 자유는 신율적인 자율이라야

한다. 자연적 양심이 신율적인 양심과 연계되는가? 브루너는 율법과 복음 사이에 양심이 접촉적 역할을 한다고 본다. 바르트는 자연적 양심을 부정한다.

* 기독교의 내용은 성령에 의해 자연적 양심이 변화되어 신율적 양심이 된다고 본다. 더 나아가 하나님의 조건을 초월한 자비에 의해 위로받는 양심이 된다.

민주주의

* 정치질서가 창조주의 뜻의 표현이라면 국가는 심판주의 뜻과 연계된다. 즉 인간의 죄와 국가는 연계된다. 질서와 조화를 위해 강제적 도구의 역할을 하게 된다.

* 국가의 절대주의는 부당하다. 이유는, 국가의 주장은 하나님의 주장에 비해 항상 제한적이며 누구나 죄인임을 인정할 수밖에 없기 때문이다.

* 국가에 대한 신정주의적 사고와 섭리주의적 사고는 용인과 복종을 강조하게 된다. 그러나 순종하되 참여와 책임을 중시해야 한다.

* 인간에 대한 이해가 정치에 연계된다. 죄성을 강조하는 입장은 법가적 태도로 낙관적 입장은 유가적 태도를 취하게 된다. 기독교는 지나친 낙관론도 비관론도 아니다. 전자는 원죄 때문이요 후자는 원의가 있기 때문이다. 니버는 현실주의로 정의에 대한 인간 능력이 민주주의를 가능케 하고 불의에 대한 인간의 경향성 때문에 민주주의가 필요하다고 했다.

* 기독교적 국가 개념에서 중요한 것은 삼중 언약이다. 하나님과 지도자, 하나님과 백성, 지도자와 백성의 언약이다. 국가와 교회는

완전한 분리가 아니라 상대적 분리이니 잘못되었을 때 서로가 바로 잡아 주는 것이다.

* 권력의 집중을 방지하고 이기심을 경계해야 하며 자유하되 책임 의식을 가져야 한다.

경제

* 현대 사회에서 경제와 정치는 가장 강한 영향력을 행사한다. 경제는 물질을 획득 사용 소유에 연결된다. 경제라지만 도덕성과 분리되어서는 안 된다. 경제와 윤리의 분리는 지나친 개인주의와 인간의 비인격화와 물질 숭배를 가져온다.

* 경제 만능주의는 빈부의 격차, 자연 자원의 파괴가 있게 된다. 이를 방지하기 위해 사회주의와 자본주의와 사회주의 자본주의의 두 가지의 혼합주의가 나타났다.

* 기독교의 정신은 창조주에 근거하여 물질의 긍정과, 심판주의 사상에 근거하여 이기적 탐욕에 대한 하나님의 심판역사를 주시하며 구속주에 근거한 것으로 용서와 은혜를 받은 성도로서 사회적 차원의 구원을 위해 봉사하는 것을 의미한다.

* 기독교의 창조와 타락에 근거하여 개인 소유를 인정하되 타락 때문에 무조건적 소유를 거부한다. 지나친 개인주의는 지양되어야 하나 노동에 대한 보수로서 자극은 필요하다. 이에 완전 평등만을 강조하는 것은 고려해야 한다.

* 노동은 육체적, 정신적 삶을 위한 필수 조건이며 이웃 사랑의 길이다. 노동은 자아실현의 길로서 일상적인 일에 소명 개념이 깃든다.

이웃과 자신

* 하나님 사랑을 이웃 사랑으로 환원시킬 수 없다. 하나님을 사랑하지 않고서는 참되게 이웃을 사랑할 수 없기 때문이다. 이웃 사랑을 자신의 가치에 근거를 두고 사랑하는 것도 아니며 하나님께서 그 사람에게 가지는 가치 때문에 사랑하는 것이다.

* 니그렌은 에로스와 아가페를 구분한다. 그러나 틸리히는 아가페로 에로스가 변형될 수 있다고 본다. 이런 점에서 자기 사랑은 인정되어야 한다. 자기 사랑을 이기적으로 함이 아니라 이웃을 위해 자기를 사랑하는 것이다. 자기 사랑을 완전히 무시하고 일방적 희생을 강조할 때 위선적인 생각을 가지게 될 수도 있다.

대한예수교장로회 총회에서 출판한 도서《예수 그리스도와 사회》를 자료로 정리해 봅니다.

예수님의 말씀에 나타난 건전한 사회

* 하나님 나라는 사회적 개념이다. 당시의 귀족 정치에 대해 신정정치를 강조하셨고 헬레니즘과 유대주의의 갈등 속에서 예수님은 포용 보편주의를 행하신다. 당시의 정신적 상황은 묵시사상으로 절망을 극복하려 하며 바벨론의 지혜 사상에서 사색적 자세를 갖게 되고 헬라의 이원론적 사고로 빛과 어둠의 분리 사상이 있었다. 이런 영향은 복수, 증오, 한탄 등이 일어나게 된다.

* 하나님 나라는 미래에 완성될 것으로 현재의 삶에 확신을 주게 된다. 치유하심은 하나님 나라의 현재적 증거이다. 즉 하나님 나라의 임박성과 임재성을 나타낸다. 미래적이면서 현재적이다. 자기를

부정하는 하나님의 사람들에 의해 건전한 사회가 이루어질 수 있다. 우월주의와 분리주의를 극복해야 한다. 보편적 사회를 추구해야 한다. 이는 현상 유지를 고수하라는 것이 아니라 야망과 폭력의 의존을 버리라는 것이다.

* 물질에 대한 독점 오용을 거부하며 나눔을 강조하신다. 폭력적 저항의 분위기 속의 상황에서 주님은 비폭력적 자세를 가르치신다. 세상적 억압적 사회를 부정한다. 자기를 낮추어 섬김의 봉사를 강조한다. 하나님 나라에 참여하는 자들을 통한 현실을 건전한 사회로 건설해 가야 한다.

바울 서신의 건전한 사회

* 바울은 죄가 신인관계를 파괴한다고 본다. 죄는 마음이 범하는 죄들을 포함한다. 이 결과는 치명적인 것이다. 이 죄는 사회 공동체 안에서 사실이 된다. 이것을 해결함이 근본적 해결이다. 이 해결은 인간의 능력이 아니라 하나님의 은혜로 되는 것이다.

* 은혜로 용서받은 성도는 헌신하게 되며 사회적 실천으로 성화가 나타나게 된다. 복음을 바르게 이해하고 실천하는 사회가 건전하게 된다. 하나님의 정의와 화평을 추구해야 한다. 이럴 때 사회는 희락이 있게 된다.

건전한 사회를 위한 교회 봉사

* 역사적으로 구한말 부패한 사회 정치질서, 경제질서, 계급 갈등과 사회 위기를 변화시키는 데 헌신했다. 1920년 일본의 탄압으로 지도자들의 상실로 점차 내면화되었다. 절망의식으로 신비주의적

영향이 강해졌다. 점점 몰역사적 정신이 깊어졌다.

* 교회는 개인의 구복주의, 물량주의, 기구주의화되어 갔다. 정보화, 개방화, 생태계 문제, 도시화 등의 현실 문제에 대면하게 되었다. 자연, 역사, 사회 전체를 위한 헌신이 추구되어야 한다. 독일 교회의 섬김 운동은 노인, 장애인, 제3세계 발전지원, 평화운동 지원, 병원경영 등이라 한다.

* <u>현재 사회 문제는 민생치안 문제, 환경문제, 청소년 비행문제, 퇴폐 환락 문제, 노인문제가 현실이다.</u> 지역사회조사, 교인훈련, 유기적 협력체계, 법규 이해 등이 필요하다. 100주년기념 시에 특수선교 총력, 개인과 사회선교 포함, 정의·인권·평화, 자유의 건전한 사회 추구를 강조했다.

건전한 사회와 인간

* 건전한 사회구조는 자유 평등의 경제제도가 있어야 한다. 집단이기주의 때문에 극심한 계급 갈등을 일으킨다. 또한 민주적 정치제도가 필요하다. 권위주의적 관료체제를 지양해야 한다. 이상적 가족제도가 정착되어야 한다. 가족의 상부상조는 귀하나 지나친 자기 가족 중심주의가 되기 쉽다. <u>홍익인간의 교육제도가 필요하다. 인간을 키우는 참교육이 필요하다.</u> 문화구조와 인성구조도 건전해야 한다.

* 사회도덕성 회복과 부정부패를 씻어 버리는 사회정의 실천에 힘쓰며 개인구원과 사회구원을 추구해야 한다. 막스주의의 계급혁명 이론을 지양하며 계몽주의와 산업혁명으로 과학 위주의 발전 개념을 지양하고 인간 정체성을 회복해야 한다.

파괴된 인간성을 치유하는 목회

* 한국 교회는 6·25 한국전쟁 시 영혼을 지탱했으며 그 후 부흥회로 치유와 화해, 그 후 강해설교로 인도, 2천년대는 치유를 강조했다. 현대인은 자긍심과 스트레스를 많이 받는다. 그러므로 상황설교가 필요하다. 미국 포스딕 목사는 이를 강조한다. 소망과 용기, 하나님의 사랑을 받고 있음에 대한 믿음을 강조할 필요가 있다. 치유설교는 이론을 넘어 이야기, 은유, 유추식이 적합하며 심층에 공감을 일으켜야 한다.

* 치유설교는 성도들의 이야기를 경청함으로 가능하다. 아픔에 공감, 돌봄, 사랑의 자세로 경청해야 한다.

신앙의 사회화를 위한 목회

* 교회 신학의 양극화 현상, 즉 복음주의의 이분법적 사고를 재고하며 성장주의를 재고해야 한다. 교회 중심적 사고는 교회 벽이 세상을 보는 눈을 차단한다.

* 에큐메니컬 신학의 사회 참여적 정신은 중하다. 더 나아가 성장주의는 물량주의를 추구하며 사회 변화 책임을 회피한다. 성공주의적 사고는 죄에 대한 감각을 상실케 한다. 십자가의 고통과 의미를 무시한다.

* 사회 성장의 지속적 호전은 신앙 동기를 약화시킨다. 경제에 관심을 몰입함으로 정신적, 도덕적, 영적 측면의 관심이 약화되고 있다. 중한 것은 민족성의 개조가 필요하다. 교회는 바른 삶을 실천하며 과소비와 사치를 버리고 절제운동과 노동의 신성을 추구하는 근면운동, 총체적 인간 회복을 위한 사랑실천운동, 지구의 관리자

사명을 위한 창조보전운동, 문화를 변혁시키는 기독교 문화운동, 공동체 의식의 운동이 필요하다. 경건은 하나님 앞의 삶을 사는 것이다. 자선적 차원을 넘어 참여적 자세로 비판과 섬김의 실행을 해야 한다.

건전한 사회를 위한 기독교 교육 방법
　* 주일학교운동은 중요한 가능성을 준다. 상황에 따라 조사, 분석, 공동작업, 집단활동을 할 수 있다. 지역사회를 연구해 볼 수 있고 종교분포, 학생 수, 직장조사를 할 수 있다. 작은 공동체를 운영해 볼 수 있고 개방과 자유의 시대에 미치는 영향을 고려하여 교육할 수도 있다. 사회 문제에 대한 계획된 행동을 실행할 수 있다. 신앙공동체 경험 속에 훈련도 가능하다. 이런 교육을 위해 위원회 조직과 연구, 계획, 자원, 홍보, 진행, 평가를 가질 수 있다. 관념이 힘이 된다.

　브루너의 저서 《정의와 자유》에서 내용을 정리해 봅니다

　1. 자유 강조의 역사
　아리스토텔레스는 적당히 비례되는 자율을 주장했다. 기원전 7세기 솔론은 정의가 인간 법을 초월한 신적 법에서 나온다고 강조했다. 칸트는 자기의 자유는 남의 자유에 의해 제한받는다고 했다. 근대는 자유는 국가법과 동등하다고 본다. 1848년 공산당 선언은 이것을 주장한다. 스토아학파는 이성이 자유라고 본다. 기독교는 피조물로서 인간은 육과 영을 멸시할 수 없으며 개인과 사회는 동등하다

고 본다. 존 로크는 계약주의를 강조했고 미국은 근본악을 인정하여 견제와 균형을 주장했다. 칼 막스는 역사는 인간의 자기실현이라고 보며 헤겔의 사상을 추구하여 모순은 결국 종합된다고 본다. 포이에르바흐는 의식이 생활을 결정하는 것이 아니라 생활이 의식을 결정한다고 본다.

2. 공산주의 검토

결정론이 비판받아야 하니 충분히 발전한 나라에서 공산주의가 나오지 않았다. 노동자들이 무산자가 된다고 주장하나 근대의 주주들은 노동자들이다. 국가를 부인하나 더 혹독한 전제국가를 이루고 있다. 인권을 점검해 보라. 그들은 최종법률이 국가 법률이다. 대중 속에서 자백을 강요하고 있다. 공산주의 발생의 원인은 자본주의와 식민주의의 죄악 때문이라고 볼 수 있다.

3. 역사

아테네는 기원전 450년 민주주의제를 가졌다. 스위스 민주제, 1215년 영국의 왕이 법의 제약을 받는 대헌장, 1789년 전제군주를 꺾은 프랑스가 있다.

4. 민주주의 정신 기반

인간의 동일성으로서 본질적으로 같음과 제도의 필요성으로서 아테네 민주주의가 자유만 강조하다 무너진 경험이 있다. 중세는 신적 도덕률을 강조했으나 인간 인격 개념이 미비했다. 종교개혁자 칼빈은 하나님을 두려워하지 않는 데서는 인간을 존경하지 않는다는 신앙 기본을 주장했다. 서방 세계의 민주주의 패배는 식민주의와 결합한 악질 자본주의 때문이다.

5. 기독교 정의와 자유

성찰이 필요하니 실천이 부실했으며 기술과학 소화가 불량했다. 도덕 재무장 운동은 인격 변화를 강조하는 옥스퍼드 운동에서 출발했다.

정의와 자유는 동일하면서도 동일하지 않다. 이 변증법적 관계는 인간을 정당하게 하고 동시에 자유하게 하는 권능에 감동을 받을 때만 해결된다. 인격의 하나님과 인격적 관계를 가질 때이다. 정의와 자유의 해결은 오직 산 기독교 신앙에서 나오는 진정한 사회적 민주주의를 통해서만 가능하다고 본다.

17.
관계 준비

* 신앙인은 하나님과의 대신관계, 그에 근거한 대인관계를 조화시켜야 합니다.

* 관계 문제는 다양한 성격과 상황과 사건이 연결되어 있음을 기억하며 주님의 비우는 마음과 아가페의 사랑으로 늘 자신을 새롭게 해야 합니다.

* 이웃에 대한 생각을 신앙으로 정리해야 합니다. 사람에게 대한 신앙적 이해, 섬김에 대한 주님의 마음과 교훈, 성령님의 감화와 위로를 더 깊이 경험해 가야 합니다.

진 되링의 저서 《격려자가 되는 비결》에서 정리해 봅니다.

조용한 사랑

* 본회퍼 목사는, 우리는 하나님의 말씀을 말할 수 있기 위해 하나님의 귀로 경청해야 한다고 했다. 말을 적게 하고 함께 있어 주라.

비난과 주제를 바꾸려는 자세를 조심하라. 사랑의 인내를 가지라.

씻기지 못할 만큼 더러운 발은 없다.
* 격려에 필요한 사소하고도 실속 없이 보이는 행동에 드는 시간을 아까워 말라.

멈춰라, 보아라, 경청하라, 노래하라
* 우리는 교제 속에서 올바로 홀로 사는 법을 배울 수 있고 혼자 있을 때만 교제 속에서 올바로 사는 법을 배울 수 있다(본회퍼).
* 하나님은 우리의 영적 소생을 위한 처방으로 성경 66권을 주셨다. 찬송은 마음의 보호막이다.

로뎀 나무 아래
* 하나님이 자갈밭을 가게 할 때는 든든한 신발도 주신다. 사막의 여정은 결국 정상에 이르는 길이다. 하나님은 엘리야를 자기 연민의 굴에서 건지신다. 격려자는 하나님의 신실하심에 깊은 깨달음이 있어야 한다. 중국 선교사 테일러는 아내와 자식을 잃고 말한다. 압박이 어디에 가해지는지를 보라. 주님과 자신 사이에 가해지지 않는지 살펴보라. 하나님은 남을 위로하는 자가 되게 하기 위해 먼저 우리 자신을 영적 사막으로 인도하신다.

바실레아 슈링크의 저서 《그리스도인의 승리》에서 정리해 봅니다.

질투

질투는 열망이 되어 사람을 쇠퇴시킨다. 자신이 유일한 사랑의 대상이 되기를 원한다. 우리가 기도하기를 '아버지가 주시지 않은 것은 아무것도 갖고자 하지 않나이다. 사랑이 끝난 그 사람을 하나님께 위탁합니다'라고 하라. 그 사람에게 누군가 사랑을 표시하든지 그를 감독하지 말라. 그에게 아무런 요구도 말라. 보혈은 이런 죄악의 중독을 해소한다.

고집

하나님의 뜻만이 지배력을 갖고 있으며 최종적 가치가 있다. 관계에서 나의 제안만이 옳다고 함은 불손이다. 고집은 자기 자신의 뜻을 우상화한다. 겟세마네에서 주님은 자기 마음을 바침으로 유혹을 극복한다. 하루 동안 자주 자기 뜻을 하나님께 맡겨 드리라. 타자의 뜻이 자신의 양심과 반대되지 않는다면 긍정하기로 결심하라. 하나님 뜻과 일치함으로 오는 기쁨을 추구하라.

자만

우쭐댐은 자기가 찬양받기를 원하는 것이다. 허영심과 자기도취는 진짜 거울을 망각한다. 그 거울은 하나님 자신이다. 자신을 가차 없이 말하라. 사람의 총애로 살아가는 것이 아니라 하나님의 용서와 자비로 살아감을 알라.

애착

시중받기를 기대 말라. 무시, 비난, 모욕당할 때 누군가에게 쓰다듬을 받기를 바라지 말라. 자신을 가차 없이 진단하고 현실을 직면하라. 고요히 나 자신을 주님께 바치라. 본질을 정화하려고 징계하시는 손에 자신을 내어 드리라.

비겁

비겁은 십자가를 멀리함에서 나타난다. 극복의 방법은 고통에 헌신함이다. "주님! 힘겨운 것을 감당하게 하소서."

인색

덧없는 현세 사물에 매여 있기 쉽다. 하늘의 보물을 모르고 그분 안의 부를 모르는 소치다. 주님께 사랑을 드리고 헌신하지 않으면 탐욕에 빠지고 만다. 예수님 안에서 완전한 만족을 누리라.

분망

주님과의 일치는 우리를 힘있게 만든다. 흥미와 공명심으로 우리를 얽어 매이게 말라. 할 일이 너무 많으면 고요함이 없게 된다. 모든 서두름은 악마로부터 온다. 진지한 창조는 하나님과 침묵으로부터 오는 작업이다. 예수님 안에 있기를 연습하라. 주님과의 내적 결합을 늘 갈구하라.

수다

내용 없는 수다스러움을 조심하라. 소멸되어 버리는 말은 없다. 명예욕과 우쭐댐이 그 원인이다. 고요한 시간이 적을수록 그만큼 수다스러워진다. 고요한 마음과 주님과의 지속적 대화는 고상해지는 길이다.

무관심

무관심은 정신적인 죽음이다. 사랑과 희생의 불꽃이 사라진 것이다. 사랑은 열중과 전진이다. 하나님의 견책을 진심으로 받아들이라. 징계는 치료약이다.

물욕

물질 탐욕과 정신적 탐욕이 있다. 타락의 시작이 여기부터이다. 우상에 집착하면 하나님의 사랑을 다 빼앗겨 버린다. 육체는 쾌락에 사용될 것이 아니라 정의에 이바지해야 한다. 분수에 만족할 줄 알고 포기하는 길을 가라 내어주려 노력하고 주님의 가난하게 됨을 사모하라.

거짓

사실 과장, 무능 은폐, 반만 말하기를 정화하라. 극히 사소한 것이라도 남몰래 하지 말라. 모든 일은 하나님 앞에서 행해지고 있는 것이다.

권세욕

스스로 지배하기를 원하는 마음, 즉 권세욕은 파괴력을 가진다. 타자에게 호통칠 때 겸손은 사라진다. 예수님의 권세와 통치에는 폭력이 없다. 남을 지도하는 책임을 맡았을 때 이러기가 쉽다. 주장하는 자세를 버리라. 성령이 자신의 마음의 지배적인 성향을 비추어

주도록 기도하라. '남에게 예속되어 있으며 나의 지위와 권리를 나누겠나이다'라고 고백하라.

자부심

무안을 당했을 때 참지 못함은 교만에서 온다. 남 앞에 검소, 겸손하게 보이기를 바람도 하나의 숨은 교만이다. 겸허한 마음을 주는 자리를 기꺼이 택하라. 두각을 나타내려 말라. 칭찬을 다른 이에게 돌리라. 주의력이 쏠릴 때 침묵을 지키라. 굴욕이 벗이 된 사람은 그 굴욕 속에 큰 힘이 있다는 것을 체험한다.

비판

다 알지도 못하고 비판하기 쉽다. 형제의 조그만 잘못의 파편에 비한다면 우리의 잘못은 무거운 들보처럼 크다. 부당한 힐책도 받아들이라. 판단은 사랑의 마음에서 판결 내려야 한다.

무정

사랑을 드러내지 않는 것은 하나님을 아프게 한다. 불친절은 무자비의 시초다.
'우리가 모르는 불친절을 가르쳐 주소서.'
생의 마지막에 가서는 사랑에 의한 심판이 있다. 불친절의 근원은 자애[自愛]다. 나의 첫 사랑이 그분과 결합되어 있지 않다면 그 결과 이웃에 대한 사랑이 내 마음에서 솟아나지 않는다. 사랑을 청하는 기도가 최고의 기도다. '내 안에서 당신의 사랑이 생활화되게 하소서.'

조소

조롱은 저질적이다. 축복과 사랑의 겸손은 천국을 형성한다. 하나님의 빛에 비추라. 진리의 성령을 사모하라. 죄악의 뿌리를 회개하라.

다툼

성도는 평화를 건설하는 제자이다. 내뿜는 나쁜 말이 분열의 화근이다. 근본 원인은 교만과 시기와 질투. 모욕당해도 모욕으로 응답하지 말라. 다툼은 하나님 나라를 잃게 한다.

관능

악마는 욕망에서 오는 저주를 감춘다. 향락 속에 원수의 독배가 있다. 이 죄악은 즉시 고백하며 거절하고 끊어야 한다. 주님은 참다운 삶의 풍성함을 주러 오셨다. 우리의 육체적 쾌락의 저주를 주님이 받으시고 죽으셨다.

배은

배은망덕은 교만에서 온다. 매일 받은 선물을 의식하라. 감사하는 자 속에 신적 고귀함이 깃든다.

성급

성급함은 어려운 일을 극복하지 못하게 무력자로 만든다. 편안과 신뢰를 통해 힘을 얻는 인내를 배우라. 도우시는 때를 참고 기다리라. 쉽사리 낙담과 반항이 흘러들어오기 쉽다. 모든 것의 배후에는 하나님의 뜻이 있다.

비겁

하나님에 대해 미리 속단하지 말라. 하나님 사랑을 신뢰하라. 우리는 불만을 위장한다. 내적 반란을 일으킨다. 불신앙과 투쟁하라. 어떤 상황 속에서도 아버지의 친절과 성실을 신뢰하라.

불화해

이 죄가 신앙적으로 열심하는 자들 가운데 퍼져 있다. 형제에게 울타리를 치는 것은 하나님께 울타리를 치는 것이다. 하나님이 우리를 비추어 주시도록 하라. 손을 내밀어 거절당해도 나 자신이 사랑을 갖는 것이 중요하다. 내일로 미룸은 너무 늦을지 모른다.

비방

비방은 남을 단죄함에서 시작된다. 질투와 교만은 타인의 진실을 볼 수 없다. 하나님의 심판대에서 설 것을 알라. 하나님은 우리를 빛과 진리의 자녀로 구원하셨다. 진리의 성령을 구하라.

분노

성냄은 살해와 같다. 격한 말을 하는 것은 독배를 마시는 것과 같다. 사탄에서 해방되기를 원한다면 분노, 분개의 사탄의 독소를 빼내야 한다. 격분한 경우 바로 그 형제에게 가지 말라. 기도로 잠시 기다리라. 자신을 낮추면 주님은 온유한 마음을 주실 것이다. 주님은 죄악을 저지르기 쉬운 우리의 기질을 십자가로 가져가셨다. 우리가 상속받은 것은 하나님의 모습을 따른 새로운 본질이다.

'보혈을 통해 격분이 치유되게 하소서.'

18. 찬송 준비

* 찬송을 일상적으로 활용하게 준비해 보면 좋은 효과가 있습니다.
* 그러기 위해 뜻깊은 찬송의 1절을 반복하여 부르고 암송하는 것입니다.
* 일상 생활하면서 비음으로 찬송을 암송하여 부르는 습관을 갖는다면 은혜를 깊이 느끼게 됩니다.
* 설교 시 처음이나 중간 자유롭게 활용하면 도움이 됩니다.

암송 찬송

9장 하늘에 가득 찬 영광의 하나님/ 온 땅에 충만한 존귀하신 하나님/ 생명과 빛으로 지혜와 권능으로 언제나 우리를 지키시는 하나님/ 성부와 성자와 성령 삼위의 하나님/ 우리 예배를 받아주시옵소서

66장 다 감사드리세 온 맘을 주께 바쳐/ 그 섭리 놀라워 온 세상 기뻐하네/ 예부터 주신 복 한없는 그 사랑/ 선물로 주시네 이제와

영원히

　79장 주 하나님 지으신 모든 세계/ 내 마음속에 그리어 볼 때/ 하늘에 별 울려퍼지는 뇌성/ 주님의 권능 우주에 찼네/ 주님의 높고 위대하심을 내 영혼이 찬양하네

　96장 예수님은 누구신가 우는 자의 위로와/ 없는 자의 풍성이며 천한 자의 높음과/ 잡힌 자의 놓임 되고 우리 기쁨 되시네

　144장 예수 나를 위하여 십자가를 질 때/ 세상 죄를 지시고 고초 당하셨네/ 예수님2 나의 죄 위하여 보배 피를 흘리니 죄인 받으소서

　147장 거기 너 있었는가 그때에 주님 십자가에 달릴 때/ 오오 때로 그 일로 나는 떨려 떨려 떨려/ 거기 너 있엇는가 그때에

　161장 할렐루야 우리 예수 부활 승천하셨네/ 세상 사람 찬양하니 천사 화답하도다/ 구주 예수 부활하사 사망 권세 이겼네2

　182장 강물같이 흐르는 기쁨 성령 강림함이라/ 정결한 맘 영원하도록 주의 거처 되겠네/ 주님 주시는 참된 평화가 내 맘속에 넘치네/ 주의 말씀에 거센 풍랑도 잠잠하게 되도다

　191장 내가 매일 기쁘게 순례의 길 행함은 주의 팔이 나를 안보함이요/ 내가 주의 큰 복을 받는 참된 비결은 주의 영이 함께 함이라/ 성령이 계시네 할렐루야 함께하시네/ 좁은 길을 걸으며 밤낮 기뻐하는 것 주의 영이 함께 함이라

　200장 달고 오묘한 그 말씀 생명의 말씀은/ 귀한 그 말씀 진실로 생명의 말씀이/ 나의 길과 믿음 밝히 보여주니/ 아름답고 귀한 말씀 생명 샘이로다2

　218장 네 맘과 정성을 다하여서 주 너의 하나님을 사랑하라/ 네 몸을 아끼고 사랑하듯 형제와 이웃을 사랑하라/ 주께서 명하시니

그 명령 따라서 살아가리

220장 사랑하는 주님 앞에 형제자매 한자리에/ 크신 은혜 생각하며 즐거운 찬송 부르네/ 내 주 예수 본을 받아 모든 사람 내 몸같이/ 환난 근심 위로하고 진심으로 사랑하세

280장 천부여 의지 없어서 손들고 옵니다/ 주 나를 외면하시면 나 어디 가리까/ 내 죄를 씻기 위하여 피 흘려 주시니/ 곧 회개하는 맘으로 주 앞에 옵니다

301장 지금까지 지내온 것 주의 크신 은혜라/ 한이 없는 주의 사랑 어찌 이루 말하랴/ 자나 깨나 주의 손이 나를 살펴 주시고 / 모든 일을 주 안에서 형통하게 하시네

320장 나의 죄를 정케 하사 주의 일꾼 삼으신/ 구세주의 넓은 사랑 항상 찬송합니다/ 나를 일꾼 삼으신 주 크신 능력 주시고/ 언제든지 주 뜻대로 사용하여 주소서

370장 주 안에 있는 나에게 딴 근심 있으랴/ 십자가 밑에 나아가 내 짐을 풀었네/ 주님을 찬송하면서 할렐루야2/ 내 앞길 멀고 험해도 나 주님만 따라가리

384장 나의 갈길 다 가도록 예수 인도 하시니/ 내 주 안에 있는 궁휼 어찌 의심하리요/ 믿음으로 사는 자는 하늘 위로받겠네/ 무슨 일을 만나든지 만사형통하리라

420장 너 성결키 위해 늘 기도하며/ 너 주 안에 있어 늘 성경 보고/ 온 형제들 함께 늘 사귀면서/ 일하기 전마다 너 기도하라

430장 주와 같이 길 가는 것 즐거운 일 아닌가/ 우리 주님 걸어가신 발자취를 밟겠네/ 한 걸음 한 걸음 주 예수와 함께 날마다 날마다 우리 걸어가리

445장 태산을 넘어 험곡에 가도 빛 가운데로 걸어가면/ 주께서 항상 지키시기로 약속한 말씀 변치 않네/ 하늘에 영광 2/ 나의 맘속에 차고도 넘쳐/ 할렐루야를 힘차게 불러 영원히 주를 찬양하리

463장 신자 되기 원합니다. 진심으로 진심으로/ 사랑/ 거룩/ 예수 닮기

478장 참 아름다워라 주님의 세계는/ 저 솔로몬의 옷보다 더 고운 백합화/ 주 찬송하는 듯 저 맑은 새소리/ 내 아버지 지으신 그 솜씨 깊도다

491장 저 높은 곳을 향하여 날마다 나아갑니다/ 내 뜻과 정성 모아서 날마다 기도합니다/ 내 주여 내 발 붙드사 그곳에 서게 하소서/ 그곳은 빛과 사랑이 언제나 넘치옵니다

505장 온 세상 위하여 나 복음 전하리/ 만백성 모두 나와서 주 말씀 들으라/ 죄 중에 빠져서 헤매는 자들아/ 주님의 음성 곧 듣고 너 구원받아라/ 전하고 기도해 매일 증인 되리라/ 세상 모든 사람 다 듣고 그 사랑 알도록

242장 황무지가 장미꽃같이 피는 것을 볼 때에/ 구속함의 노래 부르며 거룩한 길 다니리/ 거기 거룩한 그 길에 검은 구름 없으니/ 낮과 같이 맑고 밝은 거룩한 길 다니리

19.
미신자 준비

* 새롭게 예배에 참여하는 자들을 늘 생각하며 배려해야 합니다.
* 이를 위해 복음의 내용을 쉽게 이해시키기 위해 기도로 준비해야 합니다.
* 종종 이런 설교를 복합하여 기신자까지 깨우치는 일이 필요합니다.

제목: 전도 메시지

1. 흙으로 가는 인간, 창 3:19
2. 만물 속의 지혜, 롬 1:20
3. 죄에서 제외된 자, 롬 2:1
4. 인간 속의 생수―남편 다섯, 요 4:10
5. 운명의 노예―소생하는 시각장애인, 요 9:2
6. 죽음은 끝인가―나사로, 요 11:25
7. 영원한 관계―내 아버지 집, 요 14:2

8. 영혼이 힘을 얻는 길—포도나무, 요 15:5

9. 실패에서 재기, 요 21:15

10. 마음에서 나오는 것, 마 15:11

11. 섬김의 참 삶—밀알이 죽으면, 요 12:24

12. 중심을 바르게, 마 4:4 시험

13. 하나님이 주는 자유—복음서의 치유, 마 11:28

14. 내가 새로워지는 길, 마 5:1

15. 용납하는 은혜—죄인 받으심, 마 9:13

16. 신국 만들어가기—사람 세우는 제자, 마 28:19

17. 새 정신의 생활, 마 5:성결. 6:골방. 마 7:반석

18. 깊은 일상생활—비유, 마 13:23

19. 본질적 생활, 마 22:37 큰 계명

20. 가치를 채울 생활, 마 25:15 달란트

21. 속죄받은 인간, 마 26:28

흙으로 가는 인간—창 3:19—607. 내 본향/608. 후일에

 종종 무덤가를 지나다가 후손들이 잘 다듬어 놓은 묘지를 봅니다. 또한 어떤 무덤은 다 허물어지고 봉우리만 보이는 초라한 묘지도 봅니다. 그러나 분명한 것은 인간은 누구나 다 흙으로 덮이고 결국 사라진다는 사실입니다. 인간이란 무엇일까요? 성경은 인간이 가진 요소를 가르쳐 줍니다. 흙으로 된 몸과 하나님을 찾는 영과 영원히 버리지 못하는 관계의 요소를 갖고 사는 것이 인간입니다.

1/ 흙의 요소

인간은 만물의 영장이라 합니다. 우수한 지식을 가지고 있지요 도덕적 양심을 가지고 있습니다. 귀한 존재입니다. 그러나 동시에 흙의 요소로 된 몸을 가지고 살고 있습니다. 몸이 없는 인간은 누구도 없습니다. 나무의 진정한 모습을 보려면 한겨울에 보아야 한다고 합니다. 무성하던 잎과 가지가 사라지고 앙상한 나무가 됩니다. 그때의 모습이 진정한 나무 모습이라는 것입니다. 인간도 그 적나라한 모습은 바로 흙으로 된 몸을 가진 인간일 것입니다. 성경은 하나님께서 인간에게 필연적인 명령을 하십니다. '너는 흙으로 만든 자다. 그래서 흙으로 돌아가야 한다'라고 하십니다. 종종 인간이 자신감이 넘쳐서 자기를 신이라고 강요하며 수많은 사람을 그 발 앞에 복종시킵니다. 그러나 인간은 신이 아니라 흙으로 된 몸을 갖고 사는 한 인간일 뿐입니다. 다시 한번 자신을 진실하고 적나라하게 알고 진정한 인간이 되어야 하겠습니다

2/ 영의 요소

인간은 물질로만 이루어진 것은 아닙니다. 정신을 보세요. 마음을 보세요. 종교성을 보세요. 인간은 영을 가진 존재입니다. 이 세상 어디를 가든지 신앙을 가지고 사는 사람들을 볼 수 있습니다. 참된 하나님을 찾고 있는 것입니다. 영이 있기에 그러합니다. 인간을 물질 취급하는 사회가 있습니다. 그러나 인간은 그렇게만 살 수 없습니다. 물질을 초월하여 사는 정신과 인격이 있습니다. 어거스틴은 사람에게는 하나님만이 채울 수 있는 공간이 있다고 고백했습니다. 사 40:8

3/ 관계 요소

어떤 신자가 자녀에게 마지막 말을 남깁니다. "아들아 먼저 내가 간다. 천국에서 만나자"라고 유언합니다. 인간이 사라지나 관계는 마음에 남아 있습니다. 인간은 관계 속에 사는 것입니다. 더 나아가 인간을 있게 한 창조주와 관계 속에 삽니다. 그러기에 성경은 하나님을 인간의 아버지라고 말합니다. 인간은 이웃과 관계, 하나님과의 관계를 가지고 사는 것입니다. 다만 죄로 인해 하나님과의 관계가 단절되고 불화하게 되어 있는 것입니다.

진정한 삶은 이 관계를 회복하고 진실하게 지키며 사는 것입니다. 마 22:37. 하나님은 자기편에서 인간을 놓치 않으시는 분입니다. 그 기다림, 깨우침, 사랑과 자비를 생각해 보아야 합니다. 어떤 자는 '하나님은 나의 일생에 있어서 사냥개였다'고 고백했습니다.

인간인 나를 물어봅시다.
'흙으로 돌아가는구나.
하나님을 찾는 영혼을 가졌구나
하나님과의 관계, 이웃과의 관계를 폐기할 수가 없구나.'
진실한 나를 찾읍시다.

만물 속의 지혜—롬 1:19-20—그들 속에, 만물 속에

이 세상 만물 속에는 하나님이 계신다는 흔적이 새겨져 있습니다. 어떻게 해서 사람 속에 양심이 있어서 선악을 깨닫습니까? 말 없는 물질들 속에 질서와 조화가 있는 이유가 무엇입니까? 만물은 스스로 있는 것이 아무것도 없습니다. 이 세상 속에는 보이지 않는 창

조주의 손길이 숨어 있는 것입니다

1/ 거부의식

사람들이 살아갈 때 어려운 일을 당하면 인간의 한계를 느끼고 운명이라고 생각하고 체념합니다. 운명이 이 세상의 주인일까요? 우리 눈에 보이는 물질이 진정 근원이고 전부일까요? 인간 지식이 근본이라고 하는 생각에서 실험으로 하나님을 볼 수 없다고 창조주를 거부하기도 합니다. 그러나 인간의 지식과 발견들이 어떻게 되고 있습니다. 항상 선하게 사용되고 있습니까? 가장 효력을 나타내는 것이 무서운 생명 파괴의 전쟁 무기로 둔갑하고 있지 않습니까? 이러한 실제 사실을 보면서 인간은 창조주를 거부하고 살아갈 때 어떤 결과가 일어나는지를 생각하지 않을 수 없습니다. 인간이 만물의 척도라고 주장하나 그 결과는 인간의 자만으로 황폐한 세상을 만들어 가고 있습니다. 사람들은 창조주 하나님 대신 인간이 만들어 숭배하는 우상으로 세상을 끌어가고 있습니다. 사 2:20, 사 41:9

2/ 신성의식

이 세상과 만물은 창조주의 지혜를 증거하고 있습니다. 창조주의 전지전능함을 보여주고 있습니다. 더 나아가 인간을 사랑하는 창조주의 마음도 보여주고 있습니다. 온 우주를 창조하고 생명들을 주시며 인간에게 은총을 베푸신 것입니다. 그러므로 인간은 만물로 창조주의 신성을 느끼게 되는 것입니다. 롬 1:19-20

3/ 경외의식

만물의 본질을 진실히 깨달은 자는 하나님을 경외하는 마음을 갖게 됩니다. 인간의 중요하고 바른 자세는 경외심입니다. 이유는 근원을 알기 때문입니다. 그래서 창조주의 선한 뜻을 새기며 따르게 되는 것입니다. 창조주의 은혜를 생각하며 감사와 정성을 바치려고 합니다. 모든 것을 하나님이 베풀어주셨으니 감사로 응답하게 됩니다. 항상 살아가는 중에 하나님의 손길을 체험하게 됩니다. 인간의 본분은 창조주의 은혜에 응답하는 것입니다. 마 22:37, 창 22:12, 시119:4, 렘 2:19

만물은 깨우치고 있습니다.
창조주 하나님의 은혜를 깨우칩니다.
우리를 돌보는 은혜를 깨우칩니다.
우리가 만든 우상을 버리고 회개합시다.
근원 되신 하나님을 정성을 다해 섬깁시다.
만물의 외침을 다시 귀 기울여 들읍시다.

참고도서

《기독교 윤리학의 토대와 흐름》 스탠리 그랜츠, IVP, 2001.

《개인윤리와 사회윤리》 고범서, 한국신학연구소, 1980.

《섭리의 신비》 존 프로벨, 양문출판사, 1987.

《그리스도인의 승리의 비결》 바실리아 슈링크, 엠마오, 1989.

《시대가 묻고 성경이 답하다》 톰 라이트, 2016.

《21세기 문명과 기독교》 정원범, 목회자신문사, 2004.

《신앙과 이해》 오영석, 대한기독교서회, 1999.

《역사적 입장에서 본 신학과 철학》 김해연, 물레방아출판사, 1993.

《칼빈의 신학》 빌헬름 니이젤, 대한기독교서회, 1979.

《비극을 넘어서》 라인홀드 니버, 전망사, 1984.

《역사》 웰즈, 기노을 역, 황성각도서, 1976.

《기독교윤리학》 나학진, 한밭출판사, 1983.

《설교의 절망과 희망》 정용섭, 대한기독교서회, 2008.

《목회자의 생활》 방지일, 대한예수교장로회총회교육부, 1984.

《칼빈의 설교학》 박진택 역, 도서출판나비, 1990.

《정상적인 그리스도의 사역자》 워치만 니, 생명의말씀사, 2000.

《참목자상》 리처드 백스터, 생명의말씀사, 2012.

《훌륭한 격려자가 되는 비결》 진 되링, 나침반사, 1990.
《그리스도인의 영성 훈련》 김경재, 대한기독교서회, 1988.
《기도》 이 엠 바운즈, 크리스천다이제스트, 2000.
《기도》 할레스비, 생명의말씀사, 1970.
《성결과 성화》 시들로우 백스터, 생명의말씀사, 1983.
《그리도인의 순종원리》 찰스 피니, 생명의말씀사, 1997.
《훌륭한 격려자가 되는 비결》 진 되링, 나침반, 1990.

《현대의 도전과 오늘의 조직신학》 김명용, 장로회신학대학교출판부, 2010.
《그리스도교의 본질과 역사》 한스 큉, 분도출판사, 2019.
《한국 교회 인물사》
《세계교회사》
《크리스천과 역사해석》 허버트 버터필드, 대한기독교서회, 1982.
《역사학 개론》 박성수, 삼영사, 2000.
《영적 침체》 마틴 로이드 존즈, 복있는사람, 2014.
《철학의 흐름》 박병수

일상 속의 설교 준비

1판 1쇄 인쇄 _ 2025년 9월 10일
1판 1쇄 발행 _ 2025년 9월 25일

지은이 _ 정현건
펴낸이 _ 이형규
펴낸곳 _ 쿰란출판사

주소 _ 서울특별시 종로구 이화장길 6
편집부 _ 745-1007, 745-1301~2, 747-1212, 743-1300
영업부 _ 747-1004, FAX 745-8490
본사평생전화번호 _ 0502-756-1004
홈페이지 _ http://www.qumran.co.kr
E-mail _ qrbooks@daum.net / qrbooks@gmail.com
한글인터넷주소 _ 쿰란, 쿰란출판사
페이스북 _ www.facebook.com/qumranpeople
인스타그램 _ www.instagram.com/qrbooks
등록 _ 제1-670호(1988.2.27)
책임교열 _ 김영미 · 김준표

© 정현건 2025   ISBN 979-11-94464-95-2 03230

책값은 뒤표지에 있습니다.
이 출판물은 저작권법에 의해 보호를 받는 저작물이므로 무단 복제할 수 없습니다.
파본(破本)은 구입처에서 교환해 드립니다.

쿰란 추천 도서

다져 가는 삶
정현건 지음 | 224면 | 12,000원

나무가 긴 시간을 거쳐 땅속으로 깊게 뿌리내리며 자신을 다져 가듯, 사람 역시 시간과 사건과 경험을 통해 삶을 깊게 다져 간다. 이에 저자는 삶이 '관계'로 이루어져 있다는 깨달음을 통해 그 목적을 '섬김'에 두고, 성도가 매일의 삶에 무엇을 다져 가야 할지를 전한다. 심성, 받은 달란트, 정신, 신앙, 생활, 섬김 등은 삶 가운데 다져짐이 있어야 그 깊이를 더할 수 있다. 책 속에 담긴 열두 달의 메시지를 통해 성도의 일상 속 '다져 감'을 지속하고 심화해 나가기 바란다.

새벽예배 설교와 주일예배 설교
김금용 지음 | 296면 | 15,000원

한 가지 주제에 대하여 일곱 가지 형태로 작성된 제4의 분석설교를 살펴보고 제4의 분석설교를 통해서 하나의 주제가 어떻게 반복적이면서도 심도 깊게 여러 가지 형태의 설교로 선포될 수 있는지 알아본다. 설교자들이 제4의 분석설교를 온전히 익히고, 또 그 틀을 초월하여 여러 가지로 조합하여 삼위일체 하나님의 영원하고 온전한 말씀을 확실하게 전하도록 돕는 책이다.

배경으로 읽는 성경의 절기
장재일 지음 | 320면 | 18,000원

성경 시대의 절기를 복원함으로써 오늘날 우리가 얻을 수 있는 이익은 무엇일까? 성경 속 신앙의 선조들에게 절기는 단순한 종교적 예식이 아니라 하나님께 자신의 믿음을 드러낼 소중한 기회였다. 이 책은 우리가 성경을 읽는 것만으로는 알기 어려운 그 시대 절기의 실제 모습과 의미를 상세히 풀어낸다. 성경 시대의 절기를 깊이 있게 탐구하고 복원함으로써, 독자들은 단순히 절기를 지키는 것을 넘어 하나님을 더 경외하고 존중하게 될 것이다.

PREACHING IN THE EVERYDAY

하나님이 주시는 영감은 귀한 것입니다. 그러나 그것은 순간적임을 생각하며 늘 자신의 부족함을 되새겨 봅니다. 매 순간순간 경외심과 하나님의 뜻과 사랑과 감동이 무엇보다 중요합니다.

설교를 준비하는 데 귀한 지혜와 경험과 방법이 있을 줄 압니다. 이에 조그마한 경험을 나누어 설교에 보탬이 되고픈 마음입니다.

하나님은 부족한 설교자들을 사용하시며 성령님은 감동하셔서 귀한 열매를 주시는 줄 믿습니다. 갖가지 밭을 살피며 마음 다해 간구하며 준비에 준비를 더하여 눈물의 씨가 열매 맺기를 기도합니다.

- '들어가는 말' 중에서

값 13,000원
ISBN 979-11-94464-95-2 03230